THE SUCCESS WAY OF A REAL ESTATE INVESTMENT

入門編

[新版] 不動産投資

6億円サラリーマンになる方法

不動産投資を始める

JN023349

マネー&不動産プロデューサー
刀ワ タカヲ

読者の皆さまへ（はじめに）

「6億円サラリーマン」こと、不動産・マネープロデューサー「アユカワタカヲ」です。

「6億円サラリーマン」ってどういう意味ですか？

この「6億円サラリーマンになる方法（入門編）たった3日で、不動産投資を実践できる」（初版）を上梓した2016年1月、多くの友人、読者、お客様から質問を受けました。

「宝くじを当てて6億円の現金を手に入れたんですか？」

違います（笑）。

6億円サラリーマンとは、総資産が6億円あるサラリーマンという意味です。「純資産が6億円」という意味ではありません。不動産資産が6億円あり、一方負債もそれなりにあります。しかし、不動産資産が6億円で平均利回り6％としても、年間3600万円の家賃収入が入ってきます。負債の月々の返済を引いても、充分に手元にキャッシュフローが残ります。仕事をしなくても家賃収入で生活ができる、夢のような世界です。その「6億円サラリーマンになる道すじ」が書かれているのが本書です。

「お金」「時間」「人間関係」からの自由、それを私は「人生自由化計画」と呼んでいます。あなたも「人生自由化計画」を進めませんか？

時代が、「昭和」「平成」「令和」と移り、世の中の「仕事に対する考え方」も大きく変わってきました。「昭和」の時代は、一流大学を卒業して一流企業に就職できれば人生が保証されていました。年功序列で出世し、年収が毎年上昇し、ボーナスを郵便局に預けていれば10年で倍になる時代でした。まさしくサラリーマン天下の時代。その後、「平成」に入りバブル経済が崩壊し、失われた20年の時代に突入しました。大学を卒業しても、企業に就職することすらできない。苦しむ多くの若者を輩出してしまった「平成」。

そして「令和」。

人生100年時代がやってきました。うれしいことに長生きできる時代の到来です。2020年の東京オリンピックを目前とした2019年、テレビのニュースやワイドショーで「老後2000万円問題」が話題にあがるようになりました。これから先、長く生きることができる。しかしもう年金だけでは生活できない、年金以外に2000万円が必要だと。そしてその2000万円は自助努力で用意しなさいと。

また、仕事に対する根本的な姿勢も変わってきました。「働き方改革」です。がむしゃらに働く時代は終わり、肉体的に精神的にも余裕を持った働き方が求められる時代。パワハラも、セクハラも、残業もない仕事。では、そんなゆとりある仕事をしながら、どうやって老後の資金「2000万円」を用意すればいいのでしょうか？

それが「副業」や「資産運用」です。
お金の知識「マネーリテラシー」を身につけて、「副業」や「資産運用」で、自己防衛をしていく時代、それが新しい「令和」の時代なのです。

私は、2008年のリーマンショックをきっかけに「副業」「資産運用」の勉強を始めました。当時私は42歳でした。それまで学んでこなかった「マネーリテラシー」を必死に学び、当時サラリーマンの私でも比較的簡単にスタートできる投資を見つけました。それが「不動産投資」でした。

不動産投資には沢山の手法があります。「新築」「中古」「築古」「区分マンション」「一棟アパート」「一棟マンション」「都内のタワーマンション」「地方都市のマンション」「海外不動産」様々です。私は現在に至るまでにあらゆる種類の不動産投資を手掛けてきました。「これが正解だ」という答えはありません。それぞれの長所短所があります。詳細については、私の著書「1000年使える不動産投資最強成功術」(ごきげんビジネス出版)をぜひご参照ください。

そんな沢山の種類がある不動産投資の中で、まだ投資の勉強を始めたばかりという初心者にとっておススメの不動産投資が、「中古区分マンション」投資です。

何を隠そう、私が投資の勉強を始めて半年後にスタートを切った手法が「中古区分マンション」投資でした。超ハードなサラリーマン生活を送りながら、まだ不動産投資の知識が充分でなかった私にもできたのには、「ワケ」がありました。その「ワケ」を本書で明かしていきたいと思います。

私は43歳で不動産投資をスタートし、その後「一棟マンション」「地方戸建て」「一棟アパート」と拡大していきました。そして5年後の48歳の時に資産が6億円を超えることができました。「6億円サラリーマン」の誕生です。何故、投資の知識もなかったサラリーマンが6億円サラリーマンの称号を得ることができたのか？　その「足跡」も本書で書かせていただきました。

２０１６年1月、「6億円サラリーマンになる方法（入門編）たった3日で、不動産投資を実践できる」の初版発売後、世の中には不動産投資ブームが到来しました。誰も彼もが不動産投資ができる時代に入っていきました。ところが悲しいことに、時代とともに「悪徳銀行」「悪徳不動産会社」「悪徳不動産投資家」が現れ、素人を騙すようになりました。あの一連のスルガ銀行事件などです。

不動産投資とは、いつの時代でも成功できる投資です。それには自らが正しい知識を持って不動産経営に取り組むことです。その積み重ねの結果が6億円サラリーマンです。何故、43歳までマネーリテラシーがゼロだった私が6億円サラリーマンになれたのか、その第一歩を振り返る意味で今回、「(新版) 6億円サラリーマンになる方法（入門編）～不動産投資を始める～」を発売させていただきました。

さあ、不動産・マネープロデューサー「アユカワタカヲ」誕生ストーリー・エピソード1。始めていきましょう。

アユカワ タカヲ

目　次

第1章

初心者でもわかる不動産投資の儲かる仕組み

1　想像してみてください！

サラリーマンの方にお尋ねします。

仕事は忙しいですか？　仕事は楽しいですか？　急な残業が入ったりしませんか？　休日出勤はありませんか？　有給休暇は自由に取れますか？

私はサラリーマン時代に、苦い思い出があります。

娘の幼稚園・年中さんの運動会のことです。私は前日の夜中まで運動会を観に行く予定でした。しかし突然、夜中に会社から連絡が入り、急な仕事で運動会に行くことができなくなりました。このことを、大きくなった娘は、いまだに言います。

「パパはあの時の運動会に来てくれなかったね」

仕方ないですよね、会社員ですから。そのおかげで翌月の月末には残業手当と休日出勤手当が給与と一緒に振り込まれるのですから（それがない、という会社もあるかも知れませんが）。その手当で、娘に好きなものを買ってやることもできます。そう思って諦めるしかないのがサラリーマンの実情です。しかも、また次の月も同じように働かなくてはなりません。来月、再来月と、同じように働き続けなければ、毎月の給与は振り込まれません。それがサラリーマンの宿命です。

ここでちょっと想像してみてください。

「1か月、いや1か月と言わないまでも短期間、頑張って努力することで、今月だけでなく来月以降も、この先何十年も、毎月あなたの通帳へ一定金額の振込が約束される」

こんな話が本当だったら、あなたは将来のことを考えて短期間だけでも頑張って努力しようとは思いませんか？

そうです。これが、不動産投資です。

努力するのは短期間です。短期間の間に、あなたは、自分自身に合う収益物件を探し出すのです。そして手に入れてオーナーになってしまえば、あなたの代わりにその収益物件が働いてくれます。もちろん、物件の賃貸管理や空室対応などの仕事は発生します。でも、その作業に取られる時間は精々1か月に数時間、いや数分かも知れません。あなたのたった一つの大切な仕事は、銀行のＡＴＭに行って、きっちり家賃が振り込まれているかどうか、通帳記帳をして確かめることだけです。

勤め人から脱サラして専業大家さんになった人たちは、サラリーマン時代からコツコツと不動産投資をはじめ、月々の家賃収入を蓄積してサラリーマン収入を超える家賃収入を確保しています。そして満を持して脱サラして、悠々自適の生活を手に入れています。

私の知人の投資家さんは、46歳でセミリタイアしました。彼は奥様がひと回り年下で、子供もまだ4歳。彼の今後10年の目標は、「24時間子育てをして子供と一緒の時間を過ごす」というものでした。またこうも言っています。「あと二人ぐらい子供が欲しいんだ」。家族との時間を大切にする子育て大家さんです。

また別の投資家さんは、3年前にサラリーマンから独立しました。彼には子供がいませんが、奥様との共通の趣味は「旅行」。気がついたら海外に行っています。彼とはフェイスブックでやり取りしていますが、世界各地の秘境で撮った奥様とのツーショット写真をたびたびアップしています。そうやって海外旅行をしている間でも、確実に彼の通帳には毎月の家賃が振り込まれています。彼の次なる夢は、海外投資不動産を購入することだそうです。

しかし、必ずしも不動産投資を行うのに、サラリーマンからのセミリタイアを想定する必要はありません。30代のある現役サラリーマン大家さんは、会社の業績不振による待遇・処遇の不安から不動産投資をスタートし、3年で、毎月20万円の不労収入を手にしています。

「将来的に会社を辞めようとは思ってないけど、毎月20万円の収入が確保されていると、気持ちの上ですごく余裕があります。不動産投資をはじめて、より一層、サラリーマンの仕事を頑張れるようになりました」

月々の不労収入は、心に「安心」と「余裕」をもたらしてくれます。

ではなぜ、不動産投資でそんな夢のような生活を手に入れることができるのでしょうか？

２００９年、私が不動産投資の勉強をはじめた時は、半信半疑でした。しかし物件を購入して資産を拡大させていくにつれ、半信半疑だったものが確信に変わりました。

「不動産投資で、人生の自由化を達成できるんだ」

それから5年後の２０１４年10月、私はサラリーマンから独立しました。あなたも5年後のご自身の姿を想像してみてください。

2　不動産収入を得る仕組みは簡単

不動産投資をするといっても、どうやって儲けるのか？　不動産投資初心者のあなたにわかりやすく説明させていただきます。

不動産投資には、区分（マンションの1室）を購入する場合や、マンションやアパートを一棟まるまる購入する方法、土地を手に入れてそこに新築のアパートや戸建てを建てて貸し出す方法などがあります。ここでは、手軽に不動産収入を得る方法ということで、一番手頃な投資の一つ、中古ワンルームマンション投資を例にお話させていただきます。

一例として東京23区内の中古ワンルームマンションの1室を、２０００万円で購入したとします。わかりやすくするため数字は簡素化しています。

○収入　この部屋を月10万円で貸したとします。単純に、月の収入は10万円となります。

○支出　支出には様々な項目があります。

1管理費　マンションの建物管理のために支払うお金です。仮に月７０００円

2修繕積立金　将来マンションの大規模修繕工事などを行うための積立金です。仮に月３０００円

3賃貸管理委託手数料　入居者の募集や家賃の集金代行などの業務を賃貸管理会社に委託する業務委託手数料です。仮に月３０００円

4ローン返済額　このマンションを購入するために金融機関から借りたお金の月々の返済額です。仮に月７万円

5固定資産税　年に1回支払う税金です。仮に年４万５０００円

●結果（年ベース）

収入　10万円×12か月　１２０万円

支出　管理費　７０００円×12か月　８万４０００円

修繕積立金　３０００円×12か月　３万６０００円

賃貸管理委託手数料　３０００円×12か月　３万６０００円

ローン返済額　７万円×12か月　84万円

固定資産税　４万５０００円

収支　１２０万円－８万４０００円－３万６０００円－３万６０００円－84万円－４万５０００円＝15万９０００円

この例の場合、年間15万９０００円が手元に残ります。この数字を専門用語で、「税引き前キャッシュフロー」といいます。中古ワンルームマンションを１室購入して不動産投資をすると、年間16万円ぐらいの収入が生まれるのです。

ではここで、単純計算をしてみたいと思います。

中古ワンルームマンション1室の投資で年間15万9000円

図1

月ベースの収支結果

収入		
家賃	月額	100,000

支出		
管理費	月額	7,000
修繕積立金	月額	3,000
賃貸管理委託手数料	月額	3,000
ローン返済額	月額	70,000

収入－支出	17,000

図2

年ベースの収支結果

収入		
家賃	年間	1,200,000

支出		
管理費	年間	84,000
修繕積立金	年間	36,000
賃貸管理委託手数料	年間	36,000
ローン返済額	年間	840,000
固定資産税	年間	45,000

収入－支出	159,000

中古ワンルームマンション５室の投資で年間79万５０００円
中古ワンルームマンション10室の投資で年間１５９万円

どうです。毎年１５９万円の手取収入が約束されれば、精神的に大きな余裕が生まれるのではないでしょうか。しかもこれはローンの返済が続いている状況での話です。数十年後にローンをすべて完済すると、年間の手取り収入はいくらになるのでしょう。試しに計算してみましょう。

（わかりやすくするため、家賃等の変動はないものとします）

ローン完済後は、

中古ワンルームマンション１室の投資で年間99万９０００円
中古ワンルームマンション５室の投資で年間４９９万５０００円
中古ワンルームマンション10室の投資で年間９９９万円

年間１０００万円近い不労収入です。次のステップアップとして一棟ものにチャレンジしてもいいでしょう。こうして『人生自由化』が見えてきます。

もちろん１００％の確率でうまくいくという保証はありません。あとで話しますが、不動産投資には「空室」「金利上昇」「地震・火災」「修繕」など、多くのリスクがあります。そもそも好条件の優良物件が簡単に見つかるかどうかも分かりません。ただ、あきらめずに物件を探し続け、リスクを上手にコントロールしていくことで、大きな「夢」に近づくことができるのです。

ぜひ、大きな「夢」を持ってください。その「夢」こそがあなたに大きなパワーを与えてくれます。

3　不動産投資のベストタイミングはいつか？

「不動産投資をはじめるのに、いいタイミングはいつですか？」「いつがマンションの買い時ですか？」「今は価格が高騰していませんか？」

そんな質問をよく受けます。確かに２０１３年１月アベノミクスがスタートし、９月に２０２０年東京オリンピックが決定以降、東京を中心とした首都圏の不動産の価格は上昇傾向にあります。当然、収入の指針となる物件表面利回りも下がっています。

（表面利回り％＝年間家賃収入÷物件価格×１００）

２０１０年頃に比べて２０２０年は利回りで2～３％下がっているという実感はあります。「今だったら高く売れるかもしれない」「高い金額で売りに出して様子を見てみよう」と考えて市場には高値で利回りが低い物件が出回っています。

じゃあやっぱり、今は物件を購入しない方がいいのでしょうか？　いや、そうではありません。

利回り以外にもう一つ注視する視点があります。それは「調達金利」です。ほとんどの方の場合、投資用の不動産物件を購入する時、金融機関からお金を借りて、物件を手に入れます。その際の金利のことを「調達金利」といいます。この調達金利が、２０１０年当時と比べて２０２０年とでは大きく下がっています。そうです、超低金利・マイナス金利政策の影響です。金融機関が10年前とは違って、投資家に対して有利な条件で融資をしてくれる状況にあります。そのため、表面利回りは下がっていても不動産投資しやすいタイミングでもあるのです。この状況がいつまで続くかは分かりませんが、「利回り」と「調達金利」

双方の最新情報を摑んで不動産投資のベストタイミングを見極める必要があります。

また、こういったことも言えます。仮の話ですが、今利回り６％の１０００万円の物件があったとしましょう。この物件の価格が1年後に50万円値下がって、９５０万円になったとしましょう。あなたは、今１０００万円で買いたいですか？　1年後に９５０万円で買いたいですか？　1年後ですか？　ちょっと冷静に考えてみてください。今、１０００万円で購入するとこの物件は利回り６％ですからこの1年で１０００万×６％＝60万円家賃収入を得ることができます。またローンを組んでこの物件を購入するとしたら、来年買うより将来的に1年早くローンの完済を迎えることができるのです。1年早く「老後の２０００万円問題」を解決することができます。

「不動産投資のベストタイミングはいつですか？」その答えは、あなたがこの本を読んでいる『今』なのかも知れません。

4　不動産投資の注目すべき2つの利点

手堅く堅実な不動産投資をはじめると、多かれ少なかれ、手元に現金が残ります。夢にまで見た不労収入ですね。この不労収入を生活費の一部にあてるもよし、自分へのご褒美として趣味にあてるもよし、スキルアップのための勉強費用にあてるもよし、いっさい手をつけず、次の物件購入資金に蓄えることもできます。私としては、資産構築のため月々のキャッシュフローには手をつけずに積み上げることをお勧めしています。

私が知りあった「不動産投資で短期間に資産構築した投資家さん」は、実に質素な生活をしています。まるで「お金を使うのは、夢を実現できてから。それまでは1円も無駄遣いはしない」と心に決めているかのようです。確固たる意志を持って投資をし、それで得た不労収入だからこそ、絶対に無駄にはしない。ぜひあなたも、この姿勢を参考にしてください。

不動産投資は、月々の手残りの現金を得られるだけではありません。知らず知らずのうちにあなたの資産を毎月毎月積み上げていってくれるのです。

たとえば2000万円の中古区分マンションを頭金50万円、ローン1950万円で購入し、月々の返済額が7万円、毎月の家賃収入が10万円だとします（P21図1参照）。月々のローン返済は10万円の家賃収入から支払いますので、手取り3万円。さらにそこから、諸経費（管理費・修繕積立金・賃貸管理委託手数料）1万3千円を支払い、残りの1万7千円のキャッシュが毎月積み上がっていきます。一方、ローンの返済は毎月の家賃収入で支払っていますので、総額1950万円のローンが毎月少しずつ減っていきます。

お気づきになりましたか、買った当初は2000万円のマンション資産のうちあなたの純資産は頭金として入れた50万円分しかありませんでした。しかし、毎月の家賃収入でローン返済をすることによって、あなたの純資産は確実に増えていき、ローン完済後には、マンションがまるまるあなたの純資産となるのです。「月々のキャッシュフローを得ながら資産構築ができる」これが不動産投資の一つ目の利点です。そしてもう一つが「不動産投資は生命保険の代わりになる」という利点です。

団体信用生命保険（団信）。これは不動産投資についてくる魔法の保険です。

金融機関から融資を受けて、自宅を購入した人はご存知だと思いますが、ローンを組んで不動産を購入した場合、この団信への加入が必須となっています。この保険は、物件の所有者であり債務者であるあなたに万が一のことがあった場合、残ったローンはすべて保険金で完済され、遺族にはローンがなくなった不動産のみが遺されるのです。遺族はそのまま物件を保有して家賃収入を得続けてもいいし、売却して一時金を手にすることもできます。

不動産投資は、あなたの生前の生活を守るためだけではなく、万が一のことがあっても、団信が大切な家族（遺族）を守るために効果を発揮してくれます。

しかも保険料はローンの金利に含まれています。年齢に関係なく、全員同じです。ちょっと考えてみてください。２０００万円の生命保険に入ろうとすると、20代の人と30代の人、はたまた50代の人とでは掛け金はどう違いますか。当然のことながら、年齢が高い方が掛け金は多くなりますよね。しかし団信の場合は団体加入の保険であるため、個人の年齢は関係なく掛け金は同額です。したがって、年齢が高い人ほどこの保険のメリットを受けることができるのです。毎月のキャッシュフローを得ながら、数千万円の保険に加入できる。魅力的でありませんか？

　こんなことがありました。私の不動産コンサルでの話です。クライアントはご夫婦で、ご主人が積極的に不動産投資を考えていました。しかし奥様は「まだ自宅のローンも残っているのに不動産投資なんて意味が分かりません」と消極的。ご主人は手始めに２０００万円弱の中古ワンルームマンションの購入を検討。そのセカンドオピニオンを求められました。「資産構築ストーリーとしては間違いのないスタートの切り方で、いい選択だと思いますよ」と意見を述べました。しかし、奥様の曇った表情はなかなか晴れません。そこで私は、不動産投資のメリットのひとつである団信の仕組みについて詳しく話しました。「大変失礼なお話ですが、もしもご主人が先に亡くなられた場合、保険金によってローンが完済されます。奥様はそのまま家賃収入を得続けてもいいですし、売却してもいいと思います。大きな一時金を手に入れることができますよ」

　奥様の顔に、ちょっと笑みが浮かんだように見えました。後日、ご夫婦は1室目の物件を購入し、続けて2室、計３室の物件を購入されたそうです。

5　あなたは、節税を考えたことがありますか?

サラリーマンのあなたに質問します。これまで節税を考えたことはありますか？　おそらく多くの人は考えたこともないのではないでしょうか。

では次の質問です。あなたは月々いくら税金を支払っているのかご存知でしょうか？　これもまたほとんどの人が、「わからない」という答えだと思います。かくいう私もサラリーマン時代、自分の支払っている税金の額を詳しくは知りませんでした。不動産投資をはじめるまでは。

毎月の給与明細とボーナス明細について、一番下に書かれてある私の口座への振込額しか見ていませんでした。その振込額こそが「私が一生懸命にサラリーマンとして働いた成果」だと思っていました。あなたも私と同じではないでしょうか。いま一度、自分の給与明細を見直してください。あなたの所得税はいくらでしょう。住民税はいくらですか？

意外に多額の税金を支払っていることに気がつくと思います。支払っている税金を、少しでも減らすことができたら素晴らしいと思いませんか。脱税ではなく、合法的に節税ができればいいと思いませんか。

不動産投資をはじめると、その「節税」が可能となります。

あなたがサラリーマンとして支払った税金を、合法的に取りもどす。つまり還付を受けることができます。しかも、あなたの会社に知られることなく。


不動産投資をスタートさせると、家賃収入が入ります。その家賃収入は当然、課税対象となります。収入に応じて税金を支払うことになります。しかし、不動産所得を計算する場合、その家賃収入を得るためにかかった費用（経費）を差し引くことができます。家賃収入を得るためにかかった費用（経費）とは、「固定資産税」「ローンの金利分」「減価償却費」「火災保険料」「賃貸管理委託手数料」などは当然として、その他、「不動産投資を勉強するための書籍代」「不動産投資を勉強するためのセミナー代」「不動産業者・不動産投資家との飲食代」「物件視察をするための旅費・交通費」なども含まれます。

家賃収入からこれらの費用を差し引いたものが、不動産所得となります。もしその金額が赤字（マイナス）だった場合、不動産所得とあなたのサラリーマンとしての給与所得を合算することができます。合算するということは、プラスの給与所得とマイナスの不動産所得を合わせるわけですから、あなたの合計所得は減ります。つまり、あなたの給与から毎月引かれている税金が、「払い過ぎ」ということになり、確定申告を経て、税金の還付を受けることができるのです。またとえば今年、あなたが不動産投資についての勉強をはじめたとします。そして、家賃収入を得るためにかかったこの経費は、遡って申告することができます。た来年以降に物件を購入した場合、確定申告は再来年以降になります。

この本をご購入いただき、誠にありがとうございました。この本の領収書は受け取りましたでしょうか。レシートは取ってありますか。来年もしくは再来年の確定申告の時まで、大切に保管しておいてください。経費になりますから。

さて、ここで一点、気をつけていただきたいことは、この還付は未来永劫ずっと続く訳ではないということです。「減価償却費が年々減っていく」「ローンの元金返済分が増えていく」などの理由から節税効果は年々薄れていきます。物件の保有期間が延びれば延びるほど、その還付も減っていくと考えてください。

今もしあなたが、将来的に不動産資産を確実に拡大していきたいと考えているなら、税金の還付は一端忘れてください。税金も経費のひとつと考えて、「赤字」経営ではなく着実な黒字経営をして、不動産事業の拡大をめざしましょう。

私は、不動産投資をスタートしてから2年間は税金の還付を受けました。その還付金には一切手をつけることなく、次の物件の購入資金にあてました。

そしてその後、右肩上がりの不動産経営を続け、納税額も増え不動産事業を拡大し現在に至っています。ご参考までに。

第2章

サラリーマンが持つ不動産投資の優位性

1　自分の潜在能力を知ろう！

あなたは、不動産投資に対する自分自身の潜在能力がどれほどあるか、自覚していますか？「自分は所詮年収○○○万円のしがないサラリーマンだ」と思っていませんか。

「こんな自分に不動産投資なんて夢物語」と思っているあなたに、声を大にして言いたいのです。あなたは、あなたが思っている以上の力を持っています、と。

何の力でしょうか。それは「融資獲得力」です。あなたは、あなたが想像している以上に不動産投資で、金融機関から融資を受けることができるのです。私も最初にコンサルティングを受けた不動産会社から話を聞いて驚きました。

「アユカワさんはおそらく、○千万円まで融資を受けることができますよ」

「嘘でしょう！」

「本当です。なぜならアユカワさんは、サラリーマンとしてちゃんと20年以上勤務されていますから」

「ちゃんとか、どうかはわかりませんが」

「大丈夫です。私を信じてください」

当時、不動産投資のド素人だった私に、金融機関が数千万円の融資をする、そんなこと到底信じられる言葉ではありません。しかし、今では法人・個人あわせて総額16億円を超える融資を受けています。あの時のコンサルタントの言葉は真実でした。

「融資獲得能力」これを「与信」または「与信額」といいます。

あなたの「与信」はきっと想像以上にあるはずです。なぜなら、日本のサラリーマンほど、金融機関から信頼されている職業はないからです。「サラリーマンだから、不動産投資資金を貸し出しましょう」と謳っている金融機関がたくさんあります。ここで言うサラリーマンとは「定期的に収入を得ている人」とお考えください。ですから公務員の方でも、ご主人が「定期的に収入を得ている」主婦の方も含まれます。２０２０年1月現在で、サラリーマンに対して、不動産投資への融資に積極的な金融機関は「ジャックス」「ソニー銀行（ジャックス保証）」「城北信用金庫（ジャックス保証）」「イオン銀行（ジャックス保証）」「オリックス銀行」「東京スター銀行」「ＳＢＪ銀行」「ＳＭＢＣ信託銀行」「日本政策金融公庫」など、数々の金融機関があります。ただし、このような金融機関の融資スタンスは、日々時々刻々と変化していますのでご注意ください。

とにかく、あなたにとって大切なことは、自分の「与信額」を知ることです。

私の場合は不動産投資のスタート時点で、与信額が数千万円でした。この与信額は属性（職業・年齢・年収・勤続年数・家族構成・自己資金・現在の借入額など）によって異なります。数千万円の人もいれば数億円の人もいるでしょう。

どうしたら自分の「与信額」を知ることができるのでしょうか？

まず金融機関とのパイプがある不動産業者や不動産コンサルタントに会って、相談してください。最近では不動産業者主催の不動産セミナーが多く開催されています。そのようなセミナーに参加して、セミナー後の個別相談を受けてください。あなたの「職業」「年齢」「年収」「勤続年数」「家族構成」「自己資金」「現在の借入額」などを正直に伝えれば、長年の経験から、すぐにあなたの「与信額」を教えてくれることでしょう。

こんなことを言うと、不動産業者さんに怒られるかもしれませんが、個別相談を受けたからといって、物件をその業者さんから購入する必要はありません。まず自分の「与信額」を知るために個別相談を受けてみるのがいいでしょう。いくつかの業者や複数のコンサルタントに相談するのもお勧めです。いろいろな業者に相談することで、自分とフィーリングの合う業者が見つかるかもしれません。金融機関と強いパイプを持っている業者、そうでない業者、などの違いを知ることもできます。

私も初心者の方から不動産投資の相談を受ける時には、まず「与信」の話をします。そうすると、みな口をそろえて、こう言います。

「私でもこんなに融資が受けられるんですか」

以前の私のリアクションと、まったく同じです。

あなた自身の「与信額」を知ることで、あなたの投資ストーリーを作ることができます。後述しますが、不動産投資で大切なことは、「最終目標を設定し、その目標を達成するまでのストーリーを作ること」です。

そのストーリー作りをするうえで最初に必要な材料が、今現在、あなたが金融機関からＭＡＸでいくら借りられるかということです。

あなたの潜在能力を、ぜひ知ってください。

2　不動産投資は「融資を受けて」できる唯一の投資

さまざまな投資商品があるなか、不動産投資は唯一、金融機関から融資を受けてできる投資です。たとえば、あなたが株を購入する目的で、あるいは投資信託を購入する目的で、銀行に「お金を貸してください」とお願いに行っても貸してくれません。当然です。ではなぜ、不動産だったら融資してくれるのでしょうか。

理由の一つは、その物件を担保にとることができるからです。でも、それだけが理由ではありません。

ひとつの前提として、不動産投資は「投資」ではないのです。不動産投資は「投資」ではなく、「経営」なのです。金融機関は、あなたの不動産経営に将来の確実性を感じているからこそ、お金を貸してくれるのです。ローン申請が通るということは「その不動産経営に安定性を感じる」と金融機関からお墨つきをいただいたと考えてもいいでしょう。

それでは、私が２０１０年に購入したある中古区分マンションを例にお話いたしましょう。

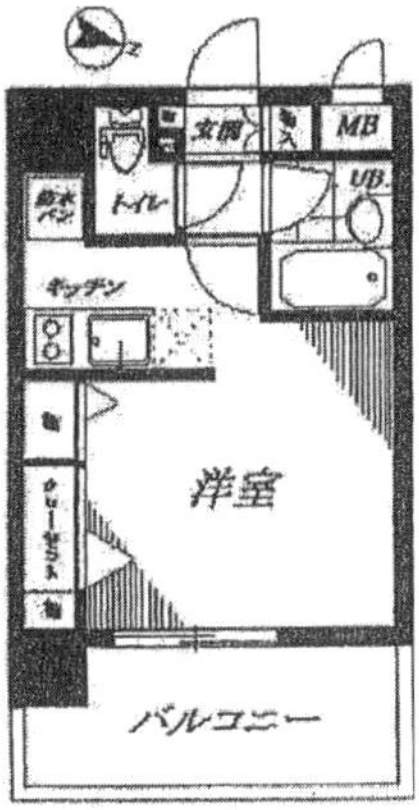

私が2010年に購入した
中古区分マンション

東京メトロ千代田線「赤坂」駅から徒歩3分、2030万円の中古ワンルームマンションでした（前頁の写真の物件です）。私はある金融機関から融資を受けましたが、当時「頭金は最低でも15％が条件」と言われ、しぶしぶ頭金に330万円を使いました。

それが今では、各金融機関が他社との差別化を図るために、低い金利、あるいは頭金は5％でもOKというスタンスの銀行が出てきました。ある金融機関は頭金10万円でOK、いや頭金0円でOKの金融機関さえ登場しています。

ちょっと計算してみましょう。

○2010年の私の購入例の場合

2030万円の中古ワンルームマンションを購入。

頭金　330万円　ローン　1700万円　不動産取得税　20万円

＊不動産取得税（不動産を取得した時に一度だけ発生する税金です）

購入諸費用　50万円

＊購入諸費用（登録免許税・登記費用・ローン事務手数料・火災保険・印紙代

など。この物件の場合、仲介物件ではなく、売主物件だったので仲介手数料はかかっていません）

初期投資＝頭金＋不動産取得税＋購入諸費用＝４００万円

私がこの物件を購入するために使ったお金は、合計４００万円でした。

仮に、この物件を２０２０年の金融状況、頭金10万円でＯＫという金融機関から借り入れをして購入したとしましょう。

○２０２０年に物件を購入する場合

２０３０万円の中古ワンルームマンションを購入。

頭金　10万円　ローン　２０２０万円　不動産取得税　20万円

購入諸費用　50万円

初期投資＝頭金＋不動産取得税＋購入諸費用＝80万円

わかっていただけましたか。私が２０１０年当時、この赤坂の物件を購入するためには現金400万円が必要でした。400万円は大きいですね。それなりの蓄えがなければ購入できませんでした。ところが現在だと80万円あれば2030万円の物件を手に入れることができるのです。どうでしょう。あなたにもできそうだと思いませんか。

こんな見方もできます。2010年当時、手元に現金400万円あれば、物件は1室しか購入できませんでした。ところが現在だと400万円÷80万円＝5ということで、5室の不動産を手に入れることができるのです。

不動産投資は、唯一、融資を受けてできる投資です。手出しの金額を少額に抑えたうえで、大きな資産に投資できる「レバレッジ投資」が可能なのです（レバレッジとは、「てこの原理」という意味です）。

「サラリーマンだからローンが組める」「金融機関がローンに対してきわめて積極的」「歴史的に見て史上最も低い金利状況」、お膳立ては整っています。

3 「忙しいサラリーマン」だからこそできる不動産投資

これから不動産投資をはじめようとする人から、こんな質問をよく受けます。

「仕事が忙しいのですが、こんな私でもできますか」

「平日は忙しいし、休日は家族サービスがあって、自分の投資物件を見に行ったりする時間なんてありません。まして、もしもの緊急事態の時に対応がとれるとは思えませんが…」

心配するのも当然でしょう。

どんな物件に投資をするかでその難易度は変わってきますが、初心者にとって向いているといわれる中古区分マンション投資を例にとってお話いたします。

「物件を買ってしまえば、あなたは何もすることはありません」。これが答えです。

やらなければならないことといえば、毎月通帳記帳をして、着実にキャッシュフローが貯まっていくのを確認することぐらいです。では、実際の物件の管理、運営はどうしていくのか。それはすべて賃貸管理会社にお任せです。あなたが信頼できる会社を選び、その会社に賃貸管理を委託して自分の代わりに働いてもらうのです。あなたはオーナーとして物件の状況を把握し、指示するだけで良いのです。

私はサラリーマン時代、賃貸管理会社とのやり取りはすべてメールでした。私が勤めていた会社は、プライベートメールがＯＫの会社でした（本当はダメだったのかもしれませんが、まあ黙認ということで…笑）。会社のメールアドレス宛と、個人使用のメールアドレス宛のメールの双方を、会社のデスクのパソコンでチェックできました。ときおり賃貸管理会社から所有物件に関する連絡がメールで届きました。

「アユカワさん、○○マンションの○○号室が、来月末で退居が決まりました。同じ家賃で募集をはじめていいですか」

こんなメールに対して私は「はい、お願いします」と返します。

また「アユカワさん、○○マンションの○○さんから契約更新に際して家賃を下げてほしいという要望が来ています。どう返事しましょうか」

これに対して「丁重にお断りしてください」と一言メール。「アユカワさん、○○号室、入居者が決まりました」それに対して「ありがとうございます」。

やりとりは99％をメールで済ませていました。仕事中に携帯電話が鳴ったことはありません。

たまにこんなメールも届きました。「アユカワさん、ちょっとお伝えしたいことがありますので、お手すきの時にお電話いただけないですか」

休み時間に電話して要件を確認します。例えばクーラーの故障が起きて、工事に入っていいかどうかの確認でした。私の記憶によると、これまで急ぎの用件で折り返し電話を求められたのは、わずか2度ほどだったと思います。パソコンのメールが使えなくても、携帯電話・スマホのメールさえあれば十分に事足ります。

私は所有物件のリフォーム、入退居の立ち合いなどをしたことはほとんどありません。全部、賃貸管理会社にお任せして、ちゃんと業務報告を受けていました。本当は入居前に、原状回復工事やリフォームの仕上りを自分の目でしっかり確認するべきなのかもしれませんが、忙しいサラリーマンの人は、すべてを賃貸管理会社に委託することができるのです。

このように不動産投資（中古区分マンション投資）は、購入後に手間のかからない投資です。もしこれが株式投資だったらどうでしょうか。日々、リアルタイムで株価の変動が気になるでしょう。ＦＸだったら、24時間為替の動向が気になってしまいます。私もサラリーマン時代に少し日本株にチャレンジした時期がありました。しかし、仕事中も上司や部下の目を盗んで、株価をチェックしていたものです。気分的にも落ちつかず、確実に本業がおろそかになっていました。

この点からも、不動産投資は忙しいサラリーマンにとって、もっともふさわしい投資だということがわかっていただけると思います。

先輩投資家さんで、こんな方がいました。彼は日本で収益不動産を１００室近く手に入れ、数年前にサラリーマンをセミリタイアしました。そして長年の夢であったマレーシア（クアラルンプール）に移住。奥様と二人で悠々自適の暮らしをしています。当初は、年間の半分をマレーシア、そして半分を日本で過ごす予定でした。日本にいる半年の間は不動産に関する仕事をしようという考えだったようです。ところが現在は、ほぼ1年を通してマレーシアにいます。日本の不動産については、メールと電話で賃貸管理会社に指示をして運営しています。先日、久々に一時帰国して一緒に食事をさせていただいた際、こんなことを言っていました。

「日本に帰ってきても、やることがないんだよね。管理会社に任せっきりだから」

４　不動産投資で活かされる「サラリーマン力」

あなたは仕事上でクライアントから苦情が出た場合、サラリーマンとしてどう対処しますか。精一杯、火消しに力を注ぐだろうと思います。ときには電話で謝り、場合によっては先方の会社に行って頭を下げる。あるいは上司も巻きこんで解決にあたるかもしれません。もちろんサラリーマンそれぞれの能力に差はあるかもしれませんが、それぞれのレベルで精一杯の努力をすると思います。この努力できる、ということが「サラリーマン力」です。サラリーマンの方は、社会に出て一企業のなかでその歯車として揉まれている間に、知らず知らずのうちに「サラリーマン力」を身につけています。「仕事に対する忠誠心」と言ってもよいかもしれません。

この「サラリーマン力」が大家業をするうえで大きな力を発揮するのです。語弊がある言い方かもしれませんが、大家さんの世界は、実は古い世界です。一般的に大家さんと呼ばれる人々は、もともと地主さんだったり、相続で土地・不動産を譲り受けた人たちが、まだまだ多くを占めています。そういった大家さんは、よく言えばのんびりしていますし、悪く言うと、横柄で自ら動こうとはしません。

極端な例で言うと、昔ながらの地主大家さんは、大手不動産業者の言われるがままに収益不動産を建ててしまい、空室が出ると不動産業者のせいにします。つまり自ら考えることなく、自ら動こうともしないのです。そんな、のんびり横柄な大家さんが沢山いる世界に、サラリーマン力を持っているあなたが参入すると、どうなるでしょうか。絶対に勝てると思います。

「賃貸管理会社とのつきあい方」「金融機関とのつきあい方」「空室対策の施策」などで、サラリーマンを経験してきた人は、十二分に力を発揮することができます。それが現代の大家業です。

私は、メールは24時間以内に返信をするようにしています。携帯電話に残されたメッセージはその日中に返事をするようにしています。こんなことはサラリーマンとして当然のことですよね。私のメインバンクの担当者にこんなことを言われました。

「アユカワさんはお願いした資料をすぐご用意いただけるので助かります」

これもサラリーマンとして当然のこと。その他「接待を受ける会合の時には手土産を用意する」「取引先の担当者が出世したらお祝いをする」「新年のあいさつ回りをする」サラリーマンひいては社会人として常識的なことが、意外にも大家さんの世界では武器となるのです。

このようなサラリーマン力を持った大家さんが最近は増えています。ところがこのサラリーマン大家の歴史は、意外と浅いものです。平成バブル時代、日本の不動産価格は異常なまでに上昇したため、値上がり益（キャピタルゲイン）目的で不動産に投資するサラリーマンが多くいました。そしてバブル崩壊。目を覆いたくなる惨状となりました。

バブル崩壊後、海外から「収益還元法」という不動産の新しい価格決定方法が入ってきました。収益還元法とは、その物件から生まれる利益（家賃収入）で物件の価値を図る、という考え方です。つまり土地・建物の価値ではなく、その物件がいくら稼ぐかということが注目されるようになりました。利回り重視の考え方ですね。そして、物件の値上がり益を求めるキャピタルゲインではなく、確実に毎月の収入を稼ぐインカムゲインを目的とした投資が主流となりました。これは1990年代後半の話です。それからまだ20年しか経っていません。つまりサラリーマン大家が誕生してからまだ20年の歳月しか経過していないのです。まだまだ過渡期であり、成長途上と言っていいでしょう。今、サラリーマン大家は時代のパイオニア・開拓者としてその道を切りひらいている最中です。だからこそ、誰よりも先に金脈を掘りあてることができるのです。

「中古ワンルームマンション投資」「新築ワンルームマンション投資」「新築デザイナーズアパート投資」「一棟もの投資」「築古戸建て投資」「シェアハウス投資」「大型バイク駐車場投資」「民泊投資」「貸会議室ビジネス」などなど、可能性はどんどん広がっていきます。

あなたも私と一緒に時代の先駆者となりませんか？

第3章

経済的自由の第一歩は、「3日で不動産購入？」

1　不動産投資の流れを知ろう

第3章は、『経済的自由の第一歩は、「3日で不動産購入？」』です。「たった3日で高い不動産物件を手に入れられるの？」と思われる方もいらっしゃるかも知れません。

しかしその話をする前に、不動産投資の流れを知っていただきましょう。

読者の皆さんは、これから不動産投資の第一歩を踏み出す方だと思います。まず不動産賃貸経営の基本を押さえてください。簡単な流れは、次のとおりです。

（1）物件を決める
（2）売買契約を結ぶ
（3）ローン申し込みをする
（4）ローン審査の結果が出る
（5）ローンが実行され決済される
（6）賃貸管理がスタートする

（７）客付けをする
（８）家賃（不労収入）が手に入る
（９）空室になる
（10）客付けをする
　　　～
（11）売却する

これが一連の流れです。一つずつ説明しましょう。

（１）物件を決める

あなたが購入する物件は、中古ワンルームマンションでしょうか、新築アパートでしょうか、中古一棟ものでしょうか、あなたの投資ストーリーにマッチする物件を探してください。

（２）売買契約を結ぶ

不動産会社から重要事項説明を受け売買契約を締結します。

（3）ローン申し込みをする

金融機関に提出しなければならない書類を揃え、ローン申込書に必要事項を記入し提出します。

（4）ローン審査の結果が出る

後日、審査結果が伝えられます。

（5）ローンが実行されて決済される

金融機関からローンが実行されて融資金額が振り込まれ、売主に資金移動されます。不動産の登記簿謄本にあなたの名前が記載され、晴れて大家さんとなります。

（6）賃貸管理がスタートする

いよいよ大家業のスタートです。とは言っても、前述のとおりあなたの仕事はほとんどありません。賃貸管理会社に丸投げです。

（7）客付けをする

すでに入居者がいる場合（これをオーナーチェンジ物件と言います）、前オーナーと入居者との賃貸借契約をそのまま引き継ぎます。空室物件の場合は、賃貸管理会社に入居者の募集業務に入ってもらいます。

（8）家賃（不労収入）が手に入る

およそ1か月後、あなたの通帳に最初の家賃が振り込まれます。ぜひ振込当日に通帳記帳をしてその実感を味わってください。

（9）空室になる

不動産賃貸経営では空室は発生します。絶対に起きます。それは覚悟しておいてください。

（10）客付けをする

賃貸管理会社に入居者の募集業務に入ってもらいます。入居者を見つける必勝方法は、第5章をご参照ください。

となり、再び（8）・（9）・（10）と繰り返していきます。

本書は不動産投資入門編ですので、（11）売却については割愛いたします。

売却については私の著書「１０００年使える不動産投資最強成功術」（ごきげんビジネス出版）をご参照ください。

この一連のフローが不動産賃貸経営の流れになります。不動産会社が売主になっている区分マンションの場合であれば、この流れをもっと簡素化することができます。一棟ものの場合はもっと複雑です。いずれにしても、ベースはこのような順序で進んでいくということをご理解ください。

2 私と「物件」との出会い

私の不動産投資は2010年6月にスタートしました。それまでは、書籍・セミナー・メルマガなどで日々、不動産投資の勉強をしていました。いずれは一棟マンションや一棟アパートを購入して投資したいと考えていました。しかし大きな物件に投資をするにはまだ充分な知識を得ていないことにも気づきました。まずは手軽に簡単にできる不動産投資を探している時に出会ったのが、「都内築浅中古ワンルームマンション投資法」でした。場所が東京都内であるということで賃貸需要が高く、著しい価格の下落リスクも回避でき、新築と違い、手ごろな価格で購入が可能です。そして何よりも、都内築浅中古ワンルームマンションであれば、融資をしてくれる金融機関が多いというところがポイントです。

まず私は「都内築浅中古ワンルームマンション」から不動産投資をスタートさせようと考えました。そして不動産ポータルサイトで物件を検索し、中古ワンルームマンションをメインに扱っている不動産業者が主催しているセミナーに参加するようになりました。

２０１０年6月末の土曜日、私にとっては何社目かの不動産業者主催のセミナーに参加しました。その会社のセミナーは他の会社と違って、不動産業者にありがちな「がつがつしている」こともなく、冷静に不動産投資のメリット・デメリットを講義していました。それが個人的にフィーリングが合ったということもあり、もう少し深く話を聞きたくて個別相談を申し込みました。そしてセミナー終了後、個別相談を受け、その相談で前述のとおり私の「与信額」を聞かされました。

「アユカワさんでしたら、おそらく○千万までは融資が出ますよ」

この与信額は、自分の不動産投資に自信をもたらしてくれました。さらにその場で3件の物件紹介を受けました。「文京区の物件」「世田谷区の物件」「目黒区の物件」。当時の私は今と違って自分で物件を探す力が未熟でしたが、「世田谷区の物件」に心を奪われました。何といっても住所が三宿です。三宿と言えば、芸能人のカップルがお忍びでデートするような場所です。そんな三宿の物件のオーナーになれるなんて……その程度の考えでした。表面利回り、実質利回り、税引前キャッシュフロー、ROIの数字が提示されました（この4つの数字については後ほど解説します）。

これらの数字が自分の納得する成績の物件であったことで、私は担当者にはっきり言いました。

「物件を見たいです」

2日後の月曜日、午後7時半、担当者と物件前で待ちあわせました。国道246号線沿いに建っている築浅の綺麗なマンション。入居者がいるため外観を眺めるだけです。

「いい物件だけど、幹線道路に面していて部屋の中でも車の音がうるさいだろうな」そんな印象でした。その時、オートロックの扉が開き、一人の住人が中から出てきました。その瞬間、担当者が言いました。

「今です、中に入りましょう」

私たちは人目を忍んで中に突入したのです。「これじゃ不審者だな」そう思ったのを記憶しています（笑）。

購入を検討している物件の部屋の前まで行き、廊下・エレベーター・各共用部分をチェック。問題なし。最初に投資するには堅実な物件であると認識できました。

そして、マンションの外に出て、２〜３分歩いた国道沿いにバス停があることに気づきました。その時は「渋谷駅にバス一本で出られるんだ」と思う程度でした。後になって、国道２４６号線の渋谷行きレーンの一番左側車線が、平日の朝７時から９時半まで路線バス専用道路になることを知りました。つまり、朝は渋滞することなくバスがあっという間に渋谷駅まで運行され、「三軒茶屋駅、徒歩６分の物件」が、なんと「渋谷駅、バス10分の物件」へと生まれ変わるのです。

世田谷区三宿
田園都市線「三軒茶屋」駅徒歩６分
平成 13 年築　10 階建 RC マンション
（１K 21.39㎡）

３　数字のチェック

物件視察も無事に終わり、担当者にこう告げました。

「一晩考えさせてください」気持ちの中では購入の決断をしていましたが、その夜もう一度自分自身で数字の計算を行いました。大切な数字は４つです。「表面利回り」「実質利回り」「税引き前キャッシュフロー」「ＲＯＩ（return on investment）」です。不動産投資ではたくさんの分析数字が登場します。もちろんすべて意味のある数字ですが、最初から全部の数字を理解するのは至難の業です。ですから、初心者の方は、まずこの４つの数字を押さえてください。

（1）表面利回り（グロス利回り）

月額家賃×12か月÷購入価格×１００

もちろん利回りが高いに越したことはありません。しかし利回りが高くなればそれだけリスクが高くなる、と考えてください。反対に利回りが低い物件は、その分、リスクが低く堅実な物件だというイメージを持ってください。

（2）実質利回り（ネット利回り）

（月額家賃－管理費－修繕積立金－賃貸管理委託手数料）×12か月÷購入価格×100

一棟ものの実質利回りを計算する場合は、「固定資産税」「ローン元利金返済」「物件取得費用」を考慮に入れる場合があり、さまざまな計算方法があります。その実質利回りは、どこまで考慮に入れた数字なのか確認する必要があります。

表面利回りと実質利回りのバランスを見るようにしてください。当然、実質利回りの方が表面利回りより数字は下がりますが、極端に実質利回りが低くないかなどをチェックしてください。利回りというものは、物件の場所、建物の種類などによって変わります。ですから自分の中で「東京23区内の築浅中古ワンルームマンションだったら、表面利回り5％メド実質利回り4・5％メド」という基準ラインを持つようにしてください。最初は基準がわからないと思いますが、物件を数多く見ていけば、おおかたの平均イメージが持てるようになります。

（３）　税引前キャッシュフロー（ＢＴＣＦ）

（月額家賃－管理費－修繕積立金－賃貸管理委託手数料－毎月のローン返済額）×12か月－固定資産税

この税引前キャッシュフローは、年間を通じてあなたの通帳に残る現金の総額になります。その物件を所有することで、あなたがいくら年間でキャッシュを得られるかという数字です。

（４）　ＲＯＩ（return on investment）＝　投資効率

（税引き前キャッシュフロー÷初期投資金額×１００）

※初期投資金額＝頭金＋購入諸費用＋不動産取得税

ROIとは、最初の初期投資金額に対して年間どれほどの運用率（%）かを表わす数字となります。

不動産投資を分析するには、この「表面利回り」「実質利回り」「税引き前キャッシュフロー」「ROI」を押さえてください。本来なら、減価償却の考え方、税引き後のキャッシュフロー、バランスシートなどの考え方もとても重要なのですが、最初からあまりに細かく数字の分析をしすぎて、結局、何年たっても物件を購入できないという机上大家さんが大勢います。まず「表面利回りが相場と合っているか」「実質利回りが表面利回りより著しく低くないか」「税引き前キャッシュフローがちゃんと出ているのか」「ROIがいい数字になっているのか」

これらをチェックしてください。

私が視察した三宿の物件は、「表面利回り6・91%」「実質利回り5・64%」「税引き前キャッシュフロー253352円」「ROI6・31%」でした。ROIをもう少し高めたいと思いましたが、第一歩としては、まずまず堅実な都内築浅中古ワンルームマンションであり、合格点と判断しました。

そして夜更けに決断しました。

「投資家としての第一歩を踏み出そう」

深夜1時、担当者にメールを入れました。

「アユカワです。三宿の物件を購入させてください。よろしくお願いいたします」

翌朝、返信メールが届きました。

「アユカワさん、物件を押さえました」

4　実働3日でオーナーになった私

月曜日に物件視察し、その週の木曜日の夜8時、売主である不動産会社の会議室で売買契約を結ぶことになりました。会議室には私と担当者の2人のみ。担当者から重要事項説明を受け、売買契約書にサイン。あっけないものでした。また同時に金融機関へのローン申込書の記入。これも金融機関の担当者が来ることもなく、私と担当者の2人で淡々と進めました。時間にしておよそ一時間半。別れ際、担当者が私に握手を求めてきました。「おめでとうございます」この時、初めて「ついにオーナーになったんだ」と実感しました。

余談ですが、その担当者は契約が成立すると必ず「おめでとうございます」と言ってお客様と握手をするそうです。かける言葉も「ありがとうございます」ではなく「おめでとうございます」に決めているそうです。担当者曰く、「これからオーナー様とのパートナー契約が始まり、新しい事業がスタートする瞬間なんです。ですから『おめでとうございます』」

それから一週間がたちました。すると担当者からメールが届きました。「アユカワさん、無事ローンの審査が通りました」ローンに関してもあっけないものでした。２０００万円近いローンがこうも簡単に通ることに戸惑いました。

そして1か月後、ついに決済日を迎えました。金融機関から直接不動産会社にローン金額が振り込まれ、家賃や管理費・固定資産税などのもろもろのお金が精算されました。それと同時に、司法書士の先生が法務局に出向き登記移転、不動産登記簿の権利者のところにアユカワタカヲの名前が記され、晴れて不動産オーナー「アユカワタカヲ」が誕生しました。

しかしこの決済日当日、私は会社で仕事をしていました。すべて私からの委任状だけでコトが進められ、昼すぎになって担当者からメールが入りました。

「無事決済が終わりました」

さらにその1か月後、９月７日火曜日は、私にとって思い出深い日です。会社の昼休みに昼食を早めに切り上げて近くの三菱ＵＦＪ銀行のＡＴＭコーナーに行き、通帳記帳をしました。ジリジリジリ、通帳に印字される音がします。９万１０００円。オーナーである私へ、初の家賃が振り込まれていました。夢にまで見た不労収入です。

これが、私の不動産投資第1号物件を購入した流れです。私の場合は、売主物件である23区内の比較的築浅の中古ワンルームマンションからのスタートでした（売主物件とは不動産会社が持っている物件を不動産会社から直接購入するもので、仲介手数料などがかからない物件のことです）。そのため購入に際する作業は非常にシンプルなものでした。以下に、おさらいしましょう。私が第一号物件を購入するために実際に行ったことです。

【その1】土曜日の午後、不動産投資セミナーに参加し個別相談を受ける
所要時間　約3時間
【その2】2日後の月曜日午後7時30分から物件視察
所要時間　約1時間30分
【その3】3日後の木曜日午後8時から売買契約の締結・ローン申し込み手続き
所要時間　約1時間30分

以上。

そうです。私が最初の物件を購入するために費やした日数はたったの3日です。いずれも土曜日や平日の仕事が終わったあとです。サラリーマンの仕事に一切、何の影響も及ぼしていません。だから現役サラリーマンのあなたに言いたいのです。

「経済的自由を得たいなら、収益不動産を買ってください。しかもたった3日

の労力で買えてしまうのです」

早く物件を購入することを勧めるのには、大きな理由があります。じつは不動産投資をはじめると、目に見えない、そして数字にも表れない「ある力」が身につきます。それは何でしょう。

それは、不動産オーナーとしての「実績」です。

たとえ管理をすべて賃貸管理会社に丸投げしていたとしても、物件を所有した時点であなたはれっきとした不動産オーナーです。不動産経営者なのです。1年経てば、あなたは不動産経営を1年間成功させた実績者となるのです。あなたの属性は、サラリーマンとしての属性に加えて1年間の不動産オーナーとしての実績が加味され、次のステージに上がっているのです。1年後、金融機関があなたを見る目は変わっていることでしょう。

しかしです。もしあなたが最初の物件を買う決断ができず、1年間ずっと、ぐずぐずと何もしないのであれば、1年後も今と同じ属性のままです。

一日でも早く不動産オーナーとしてのスタートを切ることが、あなたの実績を積み上げ、あなたに見えないパワーを授けてくれることでしょう。

ここで言い訳をさせてください。３日の労力で不動産を購入することができるのは、売主物件の区分の場合のみです。私が２０２０年現在買い進めている仲介物件の一棟ものの場合は、そんな簡単に購入することはできません。逆に言うと、中古区分マンション投資はまだ知識の浅い初心者にオススメとも言えるのです。

その後私が買い進めた投資用不動産

JR 京浜東北線「大井町」駅徒歩５分
平成 10 年築　５階建 RC マンション
（1 K 23.37㎡）

京王新線「幡ヶ谷」駅
徒歩４分
平成 11 年築　13 階建 RC
マンション（1 K 20.77㎡）

東京メトロ 有楽町線「江戸川橋」駅徒歩６分
平成 17 年築　４階建 RC マンション（1 K 23.52㎡）

東京メトロ 千代田線「湯島」駅
徒歩２分
平成 11 年築　11 階建 RC マン
ション（1 K 19.57㎡）

都営浅草線「馬込」駅徒歩５分
平成 13 年築　５階建 RC マンショ
ン（1 K 19.08㎡）

第4章

不動産投資に潜む４大リスク

1　不動産投資のリスクとは？

第1章から第3章までは、不動産投資の仕組みやメリット、私の考え方について書きました。

「何か、よさそうな投資じゃないかな」「そんなに手間がかからないのだったら私にもできそう」と思っていただけていれば幸いです。

しかし、「そうは言っても投資なんだからリスクが伴うんじゃないか」「アユカワはいいところばかり話して、具合が悪いところは隠しているんじゃないか」「デメリットはないのか」「失敗する最悪のストーリーはないのか」と思う読者もいるでしょう。

不動産投資のデメリット、いわゆるリスクについてお話しましょう。はい、リスクはあります。不動産投資は金融機関から多額の融資を受けておこなう、規模の大きな投資です。当然大きなリスクが潜んでいます。

最近、不動産投資の本がたくさん発売されていますが、具体的なリスクについて踏みこんだところまで書かれたものは、意外と少ないと思います。また、あなたが不動産投資セミナーに参加しても、リスクについて深く聞くことはできないかも知れません。それはそうです、大抵の不動産投資セミナーは主催者が不動産業者であるため、メリットや成功例を押し出して、リスクや失敗例をあまり話したがりません。

正直に言いましょう。不動産投資で失敗している人は、少なからずいます。この不動産好況期である今現在でも、自分の投資がうまくいかず、もがき苦しんでいる人がいます。その一方で、成功している人がいるのも事実です。では、この成功者と失敗者の違いは、いったいどこにあるのでしょう。それは、不動産投資のリスクと、リスクへの対処法を知っているかどうか、という違いです。トラブルが発生しても「そのリスクがいつか起こることを想定し、対処法を準備している人」は、リスクを克服して投資を安定させます。一方、それを知らない人は、お手上げ状態になってしまいます。

一つ、例をあげてみましょう。ある50代の男性Aさんの話です。Aさんは将来の年金の足しにと、23区内の中古ワンルームマンションをある不動産業者から購入しました。購入時、入居者はいたのですが、購入後３か月で退居となりました。家賃収入が途絶えて慌てたAさんは、購入した不動産会社に賃貸付けを頼みました。しかし、なかなか次の入居者が決まりません。空室期間は6か月を超えてしまい、半年もの間、月々のローンは持ち出し状態。そして、ついに奥様が口を開きました。

「あんな金食い虫、何で買ったの！」

Aさんは奥様に返す言葉がなく、ついに売却を決意しました。残念なことに購入時よりも安い金額で、Bさんに売却することになりました。Aさんは、ローン6か月分（空室時の損失）とその他の諸費用（売却に際してかかった費用）、購入時と売却時の物件の差額などを含めてトータルおよそ300万円の損失で、不動産投資から撤退しました。Aさんが失敗したこの不動産を引き継いだBさんは、まず賃貸管理会社を変更しました。23区内のワンルームマンションの管理・賃貸付けに強い会社と賃貸管理委託契約を結んだのです。そして家賃設定の見直しを行いました。現状の募集家賃が相場より2000円ほど高いことがわかったので、家賃を2000円下げて募集をかけたところ1か月で入居者が決まりました。

じつはこの話、登場人物Bは私です。Aさんが不動産投資からの撤退を余儀なくされた物件を現在も所有していますが、この物件はローンの返済額や管理費などを差し引いて毎月２万円ほどのキャッシュフローを生み続けています。このように、同じ物件を所有していても失敗する人と成功する人がいるのです。Ａさんの失敗の理由は「家賃設定の失敗」と「賃貸管理会社の選定の失敗」でした。あなたはぜひ、不動産投資のリスクを正しく理解して、その対応策を身につけてください。

不動産投資のリスクは、「10大リスク」とか、「８大リスク」とか、「４大リスク」と表現されています。基本的には、分類の仕方次第で10か８か４かという考え方で、私の場合は大きく４つに分けて「４大リスク」としています。私が言う４大リスクは「空室リスク」「金利上昇リスク」「地震・火災リスク」「修繕リスク」です。

この章ではその４つのリスクについて、ひとつひとつ解説していきましょう。

不動産投資の場合、株やＦＸなどの投資と違い、リスクを回避するための手を打つことができます。つまりリスクヘッジです。このリスクヘッジができるということが不動産投資は「投資」でなく「経営」だと言われる所以です。いずれのリスクも、理解し心の余裕をもって対処することで、充分に克服することができるのです。

2 リスク① 空室リスク

不動産投資最大のリスクであり、最大の敵は、何といっても空室リスクです。空室が長く続いてしまうと、前述のAさんのように不動産投資は失敗してしまいます。しかし逆に言うと、空室さえ起きなければ不動産投資は必ず成功するのです。極端な例を出してみましょう。あなたが運よく新宿駅徒歩2分の中古ワンルームマンションを格安で購入できたとします。しかし、もし10年間ずっと入居者がいなかったらその投資は失敗です。反対に首都圏近郊の、とある駅から車で20分の築古の一軒家を購入したとしましょう。この物件に10年間ずっと入居者がいればこの投資は成功なのです。

つまり、入居者がいれば投資は成功、空室が続けば失敗、ということです。

初心者が不動産投資の第一歩を踏み出すにあたって、空室リスクを回避する最大の方法をご紹介しましょう。それは、

「賃貸管理の得意な業者から物件を買いましょう」ということです。

賃貸管理が得意である、つまり空室になっても賃貸付けが得意な業者から物件を買うようにするのです。ここで基本的な話をします。不動産投資をする場合、まず不動産業者「A社」から物件を買います（売主物件であったり、仲介物件であったりします）。購入後は、賃貸管理業者「B社」に業務委託し、日々の管理や空室時の賃貸付けなどをお願いします。

私の言う「賃貸管理の得意な業者から物件を買いましょう」というのは、初心者ならぜひとも賃貸管理が得意な「B社」から物件を買いましょう、ということです。もしあなたが賃貸管理業者「B社」から物件を買ったとすると、B社はいずれ空室になった時、自ら賃貸付けをすることになります。であれば、賃貸付けに苦しむような物件を売りつけることはありません。逆の言い方をすれば、賃貸管理業務をしない不動産業者「A社」は、売ってしまえばそれまでなのです。後

のことは「知らぬ存ぜぬ」という立場なので、美辞麗句を並べたてて物件を売りつけた後、あなたの前から消えていくことでしょう。

あなたが物件を検討する際は、その不動産業者にこう聞いてください。

「御社は、購入後も賃貸管理をしていただけますか」

「現在、御社はどれぐらいの物件を賃貸管理されていて、入居率はどれぐらいですか」

「もしこの物件を購入して、将来空室となったとしても、賃貸付けに自信はありますか」

物件を購入する際、これらの質問に対して、自信を持って答えられる業者から購入してください。賃貸管理会社の管理物件の入居率は最低でも95％以上が条件だと思います。私は現在所有している区分マンションはすべて「賃貸管理の得意な業者」から購入し、常に95％以上の入居率を維持しています。

ところで、空室リスクとは別のリスクとして「家賃滞納リスク」があります。この「家賃滞納」は大家にとってかなりの痛手となります。現在の日本の借地借家法ではたとえ滞納していたとしても、入居者の権利が認められています。したがって滞納が続いたからといって簡単に退居してもらうことができません。家賃も入ってこない、退居もさせられない、税務上入ってこない家賃は未収金ということになり、入ってこない家賃も課税対象となります。踏んだり蹴ったりです。家賃滞納リスク回避の方法は、滞納しないような方に入居してもらうしかありません。でも入居前ではその人が滞納するかなんてわかりません。ここで再び力を発揮するのが「賃貸管理の得意な業者」です。管理の得意な業者はこれまで何千何万人の入居者と接してきて、プロのノウハウを持っています。

連帯保証人をつける、滞納保証会社をつけるなど、それぞれの入居者の属性にあった対応をとることで家賃滞納リスクを抑えることができます。私は数社の賃貸管理会社と取引していますが、私の口座に家賃の振込が遅れたことは、これまで一度もありません。

こんな特殊な例もあります。私の所有物件に、生活保護を受けている人が入居しています。その地域の行政にもよりますが、生活保護の生活費の振込は、家賃分が行政から直接大家に振り込まれ、残りの金額が生活保護者の通帳に振り込まれます。ですから、生活保護を受けている人の家賃が遅れたことも、これまで一度もありません。

さらに稀な話ですが「賃貸管理会社倒産リスク」というのもあります。賃貸管理会社が倒産してしまえば、入居者から預かっている家賃がオーナーに支払われない可能性が出てきます。さらに、その後の入居者との対応もすべてオーナー自身がやらなくてはなりません。これは大変な事態ですね。賃貸管理会社とは常日頃から連絡を取りながら、何かおかしくないかアンテナをはっておいた方がいいと思います。「社員がどんどん辞めていく」「月々の振込が少しずつ遅れる」これらのことが起きれば黄色信号です。

以上、空室リスクとそれに伴う私の考え方について説明しましたが、空室というのは、絶対に起きます。それは覚悟しておいてください。空室が起きたときこそ、オーナーとしての腕の見せ所です。具体的な空室解消法については、後述の第5章にまとめてあるので、ご参照ください。

3　リスク②　金利上昇リスク

不動産投資は金融機関から多額のお金を借りて行う投資です。ですから金融機関からの借入金利が投資の成績に大きく影響します。ご存知のように現在は史上稀にみる低金利時代です。今後金利が上がるか下がるかと言えば、上がる可能性の方が高いでしょう。つまり購入される時よりいずれは金利が上がり月々の支払いが増え、毎月のキャッシュフローが下がるということを認識しておいてください。

下の表をご覧ください。

図5
金利水準推移表

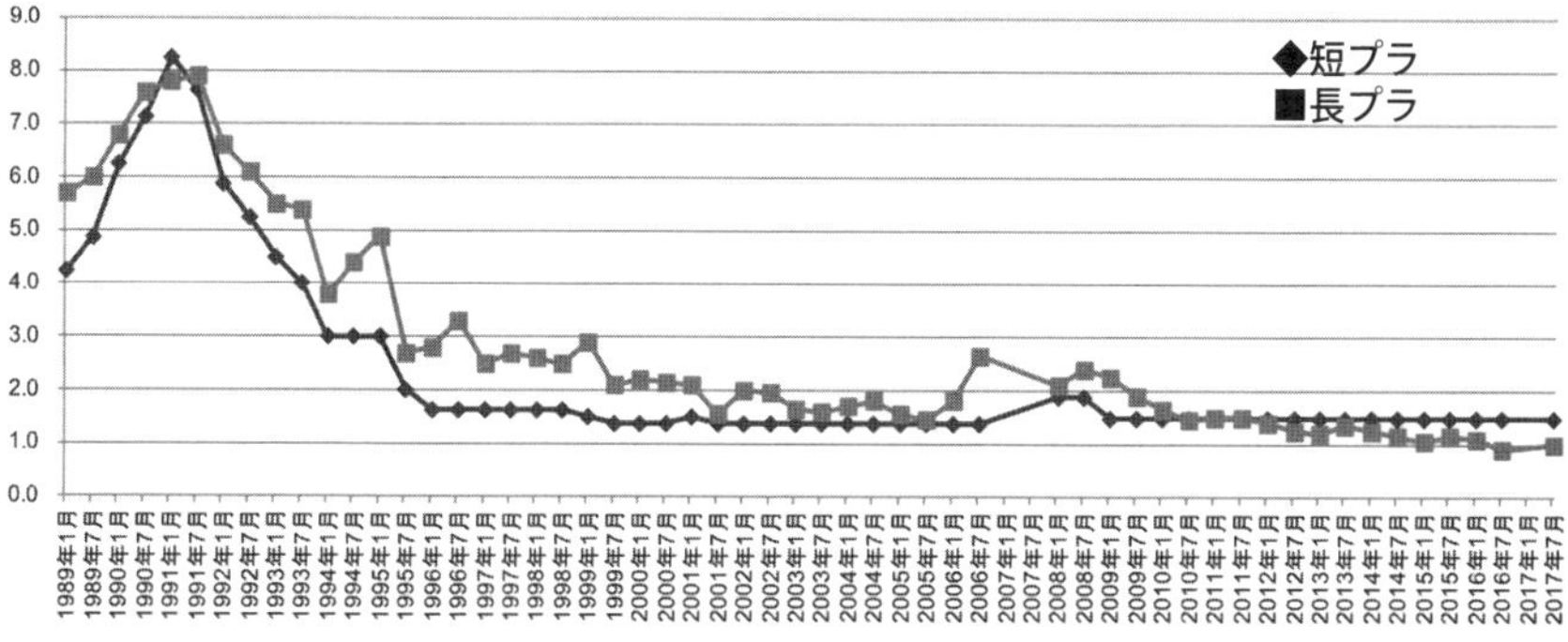

資料提供：（株）東京リバックス

バブル期には金利が7～8％でした。しかし、その期間は短くて、わずか数年の間でした。当時の都内新築ワンルームの価格は5000万円から6000万円。金利が高くなる時は、物件価格も高くなり、金利だけが高くなるということは考えにくいでしょう。しかし現在、長期間の低金利時代が続いています。今後金利が上昇することも想定し、仮に5％まで上昇した場合のシミュレーションも確認しておくことをお勧めします。

ちょっと計算してみましょう。

【1200万円の30年ローンを組んで、手取り6万円の家賃収入がある場合】

金利2・5％時　月々の返済額　47,414円　月々の収支　12,586円

金利3％時　月々の返済額　50,592円　月々の収支　9,408円

金利4％時　月々の返済額　57,289円　月々の収支　2,711円

金利5％時　月々の返済額　64,418円　月々の収支　▲4,418円

【1700万円の35年ローンを組んで、手取り8万円の家賃収入がある場合】

金利2・5％時　月々の返済額　60,774円　月々の収支　19,226円
金利３％時　月々の返済額　65,424円　月々の収支　14,576円
金利４％時　月々の返済額　75,271円　月々の収支　4,729円
金利５％時　月々の返済額　85,796円　月々の収支　▲5,796円

このようになります。ともに金利が5％を超えてしまうと、月々の収支がマイナスに転じます。対策としては、できれば月々の収支がマイナスになる前に繰り上げ返済をすることをお勧めします。また、不動産経営者としての実績を積んでいき、さらに物件を買い進めることによって、金融機関からの評価が上がります。不動産投資のスタート後、１年後２年後に各金融機関への金利交渉や、新しい金融機関への借り換え交渉で金利上昇リスクを回避することが可能です。

また金融機関によっては固定金利が選択できます。金利の種類には「固定金利」と「変動金利」があります。現在のような低金利時代で、金利上昇が予想されるタイミングでは「固定金利」がお勧めです。ただし、金融機関によっては「固定」「変動」の選択ができなかったり、仮に「固定」を選ぶことができたとし

ても、繰り上げ返済や売却して一括返済する際に多額の違約金を求められるケースがあります。今後の投資計画を吟味したうえで、「固定」か「変動」かを選んでください。

いずれにしても、現在の低金利のタイミングを逃さず、不動産投資をスタートさせることをお勧めします。

4　リスク③　地震・火災リスク

不動産投資の4大リスクの3つ目は「地震・火災リスク」です。ご承知のように日本は地震列島です。地震による倒壊、液状化、地盤沈下などの地震リスクがありますので、購入対象物件について十分な調査が必要です。2011年の東日本大震災では、海岸の埋め立て地以外の場所（かつて沼地や大きな池だった内陸部エリア）でも、液状化が発生しました。現在の姿だけでなく、かつてどういう土地であったのかを調査する必要があるでしょう。2019年には台風による河川の氾濫などが起こり大きな被害をもたらしました。津波や洪水などの災害リスクを調査するには、国土交通省や各自治体がまとめているハザードマップなどで確認することができます。購入対象物件のエリアを、ぜひチェックしてください。

一方、「阪神淡路大震災」「東日本大震災」によるマンション（昭和56年新耐震基準を満たすもの）の倒壊は一件もありませんでした。もちろん、木造戸建ての倒壊や津波による被害は周知のとおり甚大でした。しかし地震による直接的な影響でマンションが倒壊した例はありません。

実は私、千葉県浦安市のマンションに住んでいます。東日本大震災の際には、液状化で大きな被害を受けました。地面はひび割れ、水が吹き出し、上下水道と電気が止まりました。ただし、私の住んでいるマンションの建物はびくともしませんでした。日本のマンションの建築技術の高さに驚いたものです。私は、この体験もあって、木造アパートや戸建て賃貸住宅と違いコンクリート作りのマンションに対する安心感を持っています。もちろん2015年秋に発覚したマンション杭工事データ偽装などは論外ですが。

それでも何が起こるかわからないのが天災です。地震・火災リスク回避の３つのポイントを紹介しましょう。

（1）火災保険への加入

火災の発生確率はほんのわずかですが、万一の場合に備えて加入することをお勧めします。もっとも、ローンを組むときに火災保険の加入が義務づけられているケースがほとんどです。名称は「火災」保険ですが、火災以外に「落雷」「風災」「雹災」「雪災」にも対応しています。一棟ものの場合、火災以上に給排水設備の事故などが起こる可能性がありますので、「水災」などに対応している保険に加入するようにしてください。

昨今の多発する自然災害で、火災保険の保険料は上昇傾向にあります。これまで以上に出費がかかってしまいます。資金に余裕がある場合は複数年の契約をすればそのぶん割安となるので検討してみてください。いざという時に保険がおりるかおりないかが、今後の投資プランに大きく影響するので、保険選びは慎重に進める必要があります。

ちょっと怖い話をさせていただきましょう。私の知人の投資家さんの話です。投資家として初めて購入した物件が築古の木造アパートでした。売買契約、決済後３か月経った時に入居者のタバコの不始末により出火、木造アパートが全焼してしまいました。彼は火災の報告を受けた瞬間、気を失いそうになったということです。そりゃ、そうでしょうね。大家さん人生が始まったばかりですからね。全焼でしたが、不幸中の幸い、けが人はいなかったということです。その後、加入していた火災保険が無事におりて残りの借金を返済、手もとに残った保険金をもとに新たなアパートを新築、現在は安定経営をしています。アパート経営はいつ何どき何が起こるかわかりません。常に備えを忘れないようにしてください。その備えとなるのが火災保険です。

火災保険の内容もさることながら、保険の担当者との信頼関係やフォロー体制なども非常に重要です。初心者は、金融機関や不動産業者のお勧めの代理店から保険を斡旋される場合がほとんどだと思いますが、将来的には信頼ある自分自身の担当者を持つことも大切です。先輩投資家さんなどに相談すると「あの担当者は信頼できる」「何かあったとき手厚くフォローしてくれる」という人を紹介してくれるかも知れません。

保険も「人」によるところが大きい、と考えてください。

(2) 地震保険への加入

2つ目のポイントは地震保険への加入です。まず前提として知っておくべきことは、地震保険は単独では加入できないということです。前述の火災保険とあわせて「特約」として入ることができる保険です。地震保険の保険金額は、火災保険の30～50%の範囲となり、建物一戸(一室)あたり5千万円、家財は1千万円が上限になります。地震保険の特約をつけることで、地震で倒壊した建物を建て直すことができるかと言えば、それはできません。地震保険について注意してほしいのは、地震によって倒壊した建物を復旧するための保険ではない、という点です。住んでいる人の生活を立て直すための費用、と考えてください。したがって地震保険に入っているから100%地震のリスクを回避できるわけではありません。しかも火災保険に続いて、地震保険も値上げの方向です。地震保険に入るかどうかは、よく吟味する必要があります。

参考までに私のケースをお話しすると、木造物件の場合は地震保険の特約を付けていますが、RC（鉄筋）、SRC（鉄骨鉄筋）のマンションの場合は、特約を付けていません。あるRC・SRCを専門に管理している賃貸管理会社によると、火災保険については100％の顧客が、地震保険については50％の顧客が契約しているとのことです。判断の参考にしてください。

(3) 新耐震基準の物件を選ぶ

昭和53年（1978年）の宮城県沖地震を受けて、昭和56年（1981年）建築基準法が改正されて新耐震基準が決められました。つまり、その2年後の昭和58年（1983年）以降に完成している物件であれば、ほぼほぼ新耐震基準を満たしているということになります。物件を検討する際、対象物件を新耐震基準で建てられた物件にすると安心です。新耐震基準に基づいて建てられた建物は、震度4〜5程度の地震では変形しません。また震度6〜7の大地震に対しては、外壁の損傷はあったとしても内部の損傷はないと言われています。先程も書きましたが実際、阪神淡路大震災、東日本大震災では新耐震基準の建物の崩壊は報告されていません。一方、昭和39年築の旧耐震基準の木造アパートが阪神淡路大震災で倒壊した記録が残っています。築古物件を購入して投資しようとする方は、地震のリスクを考えてから始めてください。

5　リスク④ 修繕リスク

不動産投資4大リスクの最後のリスクは「修繕リスク」です。

不動産も時間が経てば痛みます。外壁のペンキがはがれたり、タイルがはがれたり、雨漏りも発生してしまうかもしれません。そのため建物の老化を防ぎ資産価値を維持するためにはメンテナンスが欠かせません。マンションでは10年から15年に一度、大規模修繕工事が行われます。この工事で補修するものは「外壁補修」「屋上バルコニーなどの防水工事」「給排水設備工事」などです。もしあなたが一棟もののオーナーだったら、その工事費用を全額あなたが負担しなければなりません。規模の大きいマンションだと数千万円の費用がかかるでしょう。ざっくりとした工事費用のイメージですが、１室１００万円と考えてください。10室入っているマンションの場合は、１００万円×10室＝１千万円。20室入っているマンションの場合、１００万円×20室＝２千万円、この金額が工事にかかるおおよその金額だと見てください。一棟もののオーナーさんは、大規模修繕工事に向けて、今から計画を立てて資金を積み立てておく必要があるでしょう。もちろん工事の直前に物件を売却してしまう、という手もあります。

では、区分マンションのオーナーの場合、大規模修繕工事の費用は誰が出すのでしょうか。区分マンションの場合は、オーナーが集まった管理組合の判断により建物管理会社が中心となって大規模修繕工事を行います。そのため長期修繕計画に基づき各オーナーから毎月修繕積立金を積み立てています。あなたが中古で物件を購入する場合は、修繕積立金が計画通り積み立てられているのかどうかをチェックする必要があります。

チェックは「重要事項に係る調査報告書」で行います。（P99図6参照）

確認すべきなのは、次の項目です。

（ア）修繕積立金がしっかり積み立てられているか

（イ）管理組合で大きな借入金がないか

（ウ）購入する部屋の管理費などに滞納がないか

（エ）工事履歴・大規模修繕工事の予定はどうなっているか

これらをチェックした上で、数年後の大規模修繕工事がスムーズに進められるかどうかを読みとってください。

最悪の例をあげておきましょう。

あるマンションは管理組合が機能しておらず、修繕積立金が積み上げられていませんでした。そして迎えた大規模修繕工事の際、建物管理会社は管理組合へ一時金を求めました。その額は一室につき100万円。どうでしょう、あなたの購入したマンションで数年後に突然100万円の一時金の請求があったら。それまで積み上げてきたキャッシュフローが一気に吹き飛んでしまいますよね。

ぜひ「重要事項に係る調査報告書」のチェックを怠らないでください。

この大規模修繕工事以外にも修繕費用はかかります。入居者が退居した場合です。普通、室内をクリーニング・リフォームします。早く新しい入居者を見つけるには、一日も早くクリーニングやリフォームをして、部屋をピカピカにする必要があります。私の経験上、部屋をクリーニングしない限り、新しい入居者は決まりません。前の入居者の生活感を、一切消すことから賃貸付け作業ははじまります。そのため常日頃から、すぐ作業に入ってくれるクリーニング業者やリフォーム業者とおつきあいしておくことが大切です。サラリーマンの方で、そんな時間はないという人、あるいは不動産投資の初心者は、賃貸付けが得意なだけでなく、クリーニング・リフォーム作業の得意な賃貸管理会社に物件の管理を頼んでおくことをお勧めします。

修繕に関しては、お金をかければいい、という話ではありません。不動産経営者としてはなるべく経費を抑えて、最大の利益を求めることが重要です。エアコンが故障した際、新品を購入するのではなく、中古専門店で購入すれば半額以下で購入することができます。大きなリフォーム費用をかけずにＤＩＹで補修リフォームをする、という手もあります。

通常、ワンルームのクリーニングは2万円程度、リフォームで10万円程度と考えてください。こんな例もありました。私が所有している一室に10年以上住んでいた人が、退居しました。退居後、部屋に入ってみてびっくりしました。壁の色が他の部屋と違って、まっ茶色。いやいや、もともとは白だったはずですが、その入居者が喫煙者だったのです。壁・床・ユニットバスの内部までまっ茶色でした。さすがに大がかりなリフォームをしないと入居者は見つからないと思い、作業に入りました。改装に2週間近くかかり、費用も30万円を超えるものになりました。ピカピカの部屋になった後、以前より高い家賃で新しい入居者が見つかりました。

このように修繕も大きなリスクとなります。いつなんどき、リフォーム費用が発生しても対応が取れるように資金を用意しておくことが大切です。

図7は、マンション各種設備交換費用例です。

図６

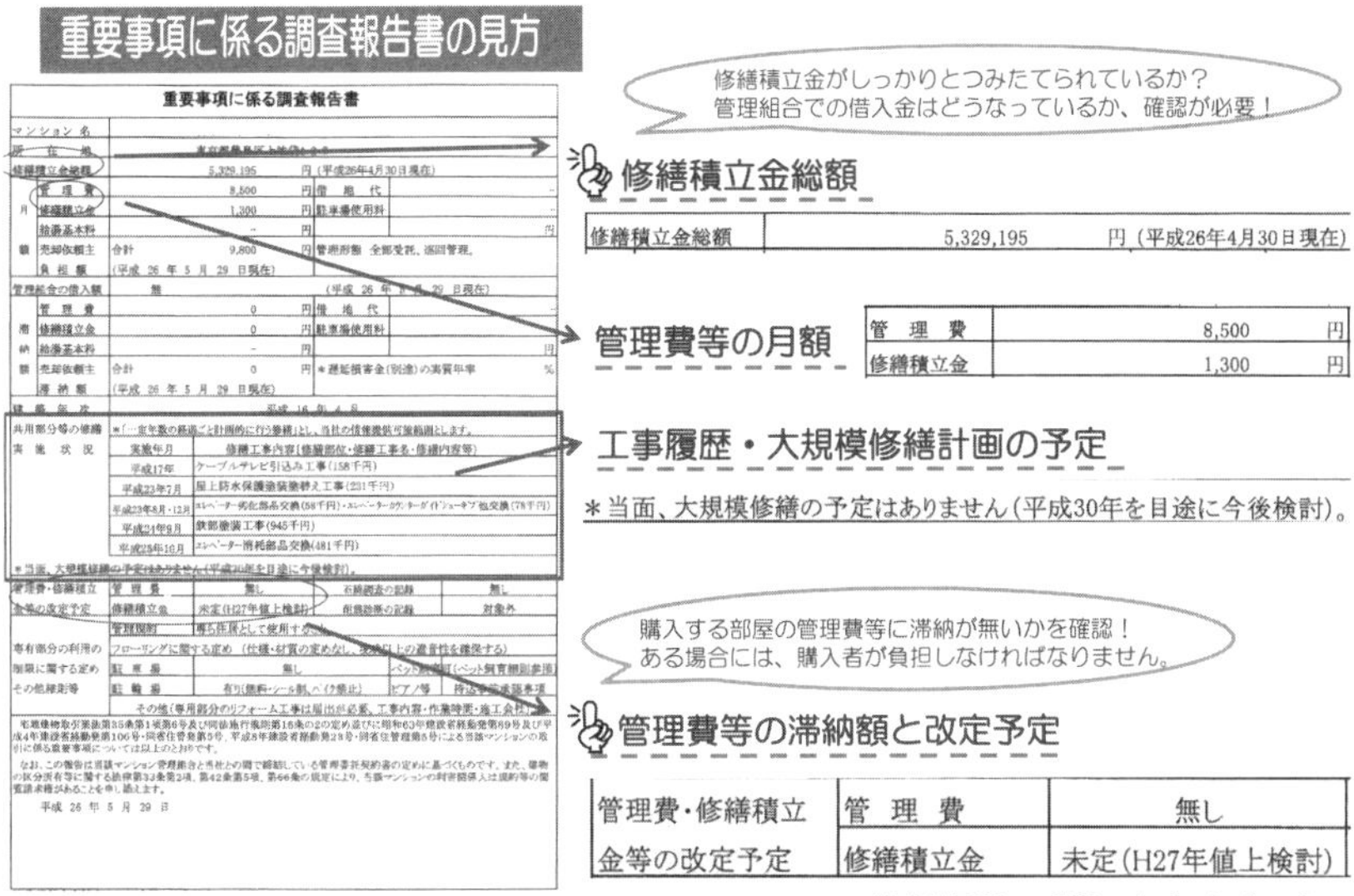
重要事項に係る調査報告書の見方
重要事項に係る調査報告書
修繕積立金がしっかりとつみたてられているか？
管理組合での借入金はどうなっているか、確認が必要！
修繕積立金総額
修繕積立金総額　5,329,195　円（平成26年4月30日現在）
管理費等の月額
管理費　8,500　円
修繕積立金　1,300　円
工事履歴・大規模修繕計画の予定
＊当面、大規模修繕の予定はありません（平成30年を目途に今後検討）。
購入する部屋の管理費等に滞納が無いかを確認！
ある場合には、購入者が負担しなければなりません。
管理費等の滞納額と改定予定
管理費・修繕積立金等の改定予定
管理費　無し
修繕積立金　未定（H27年値上検討）

資料提供：（株）東京リバックス

図７

マンション各種設備交換費用例

設備名・部位	交換時期	費用	備考
エアコン	8〜10年	8〜9万円	室外機が天吊の場合、別途吊込費用が発生します。
ガス給湯器	10〜12年	9〜12万円	機種により金額が変わります。
電気コンロ	8〜10年	4.5万円	電気コンロは交換する場合ＩＨに変更するケースが多く、4.5万円はＩＨに変更した際にかかる費用です。
ガスコンロ	10〜12年	5万円	１口コンロの場合
換気扇（浴室）	8〜10年	2〜3万円	2〜3万円は1箇所当たりの金額
照明器具	10〜12年	1〜2万円	電球切れ等は通常入居者負担
配管（専有部分）	20〜25年	25〜30万円	隠ぺい配管の場合、別途補修費用が発生します。
水回り全般（パッキン交換、腐食劣化、水漏れ等）			1か所交換、修理につき1万円
退居時のリフォーム費用（壁紙の張り替え等）			2〜10万円 ※費用に幅があるのは部分張り替えで済む場合もあるためです。

交換時期、費用はあくまでも目安です。

資料提供：（株）東京リバックス

第5章

空室リスクは3ステップで解消できる

この章の3つのステップ

STEP① 賃貸管理会社とコミュニケーションをとる
STEP② 物件に付加価値を付ける
STEP③ 自分自身で動く

1 空室は絶対に起こるもの

まず初めに、これから不動産投資をはじめるあなたに忠告します。

それは、「空室は必ず起きます。覚悟してください」ということです。

不動産投資で一番怖いのは「空室」です。けっして避けては通れません。成功する大家さんは「空室」を埋めるテクニックを知っています。失敗する大家さんは「空室」に対して、何もしません。というよりも、ほったらかしにして自滅していきます。前章でもお話しましたが、必ず発生する「空室」を埋めることさえできれば、不動産投資は必ず成功します。

この第5章「空室は3ステップで解消できる」では、２０２０年1月現在、１４3室中、常に95％以上の入居率を誇るアユカワタカヲ式の空室解消法をお教えいたしましょう。ぜひ、ご理解いただき「ああ、空室はなんとでもなるものだ」という余裕をもって不動産投資を進めてください。

空室を埋める作業の一番最初にすることは、家賃の設定です。

不動産とは面白いもので、家賃を大家さんが好き勝手に決められます。あなたの所有するワンルームを30万円で貸そうが3千円で貸そうが誰も文句を言いません。30万円だったら誰も借りないでしょうが、３千円だったらすぐ決まるでしょう。しかしローンの返済があります。３千円で貸せたとしてもローンの返済額を下回り、不動産投資は失敗です。では適正な家賃はどう設定するのがいいのでしょうか？

さまざまな観点から家賃を試算してください。まずヤフー不動産・スーモなどの不動産ポータルサイトで、あなたの物件と同等の物件の家賃を調べてくださ い。もしかするとあなたと同じマンション・同じ広さの部屋で、入居者を募集しているかもしれません。仮にその部屋が8万円の家賃で賃貸募集をしていたら、

9万円の家賃設定をしても8万円の部屋から決まっていくでしょう。この場合、その部屋と差別化をするために家賃を7万9000円に設定するのもいいでしょう。あるいは、通常は借主負担のカギ交換費用を大家負担にして、初期費用を安くすることもできます。また、敷金・礼金のバランスを見ることも大切です。賃貸管理会社の担当者とはしっかり打ち合わせをして募集条件を決めてください。家賃を下げれば当然決まりやすくなります。オーナーの立場にあまり立ってくれない賃貸管理会社は、簡単に家賃引き下げを提案してきます。

かつてこんなこともありました。賃貸管理会社の担当者に、私の方から「募集家賃を1000円下げましょうか」と提案しました。しかし担当者から「あと一週間、この金額でやらせてください」という申し入れがありました。有言実行、担当者はちゃんと一週間後に入居者を決めてくれました。このような賃貸管理会社とつきあうことが大切です。

2　STEP①　賃貸管理会社とコミュニケーションをとる

それでは適正な家賃が決まったと想定して、具体的な空室解消法を見ていきましょう。基本的には賃貸管理会社に業務委託します。ここでオーナーとして重要なのがＳＴＥＰ①の「賃貸管理会社とコミュニケーションをとる」ということです。サラリーマンは時間があまり取れないと思いますが、時間がない人でも最低週2回のメールかＬＩＮＥのやりとりをめざしてください。

あなたの情熱が必ず担当者に伝わります。そうすれば、担当者もオーナーのために何とかしようと思うのが人情です。こちらから連絡もせず、ほったらかしにしていれば、入居者が決まるまで連絡がくることはないでしょう。

さて、あなたから連絡をして聞くことのまず一つ目は、「反響はどうですか」ということです。問い合わせのメール・電話が何件、内覧が何件、これを確認してください。そして内覧に来た人の反応をしっかりと聞いてください。内覧したのに決まらなかったときはとくに重要です。「その内覧者はなぜ決めなかったのか」理由を確認します。「やっぱり駅から遠いのはイヤです」と言われてしまえば、フォローのしようがありません。しかし「部屋が暗い」という理由で入居にいたらなかったのなら、それを絶好のヒントにしてください。部屋が暗いのであれば、量販店に行って安くて明るい照明器具を入手し、明るいカーテンを大家負担でつければいいのです。照明器具とカーテンで1万円もしないと思います。そうすればその次に内覧に来た人には好印象を与えられるはずです。

このように賃貸管理会社と連絡を密にとることで「入居者が決まらない理由」「決め手に欠ける理由」を発見することができます。サラリーマン大家さんは、この最低週2回のメールのやりとりを行い、賃貸管理会社とタッグを組んで一日でも早い賃貸付けをめざしてください。忙しくてもメールだけならできると思います。

次は、もう少し時間に余裕のある人の、賃貸管理会社とのコミュニケーション方法についてです。まずは金曜日に賃貸管理会社に行くか、電話をかけてみてください。そして物件の問い合わせ状況を確認してください。やはり賃貸物件が大きく動くのは土曜日と日曜日です。週末を前にした金曜日に「この週末もお願いしますね」と連絡を入れるのです。そして週明けの月曜日、再度担当者に連絡を入れ、週末に内覧をした人たちの反応を聞きます。その情報をもとに、前述のように照明器具やカーテンなどの対策をして、次の週末に備えるという流れです。この流れを実行すれば、数週間後には新しい入居者が決まるでしょう。

こんな方法もあります。部屋の中にコルクボートなどを使ってメッセージボードを設置します。このボードには、たとえばこう記しておきます。

『内覧いただいたお客様へ。このたびは内覧ありがとうございます。オーナーのアユカワです。この地域は、とても便利なエリアです。近くにはコンビニやスーパーもあります。駅前のとんかつ○○のヒレかつは絶品です。お時間ありましたらお帰りに是非どうぞ。よろしくお願いいたします。』

その他、内覧の時に用意してあると喜ばれるスリッパを事前に設置しておきます。石鹸、ティッシュ、濡れタオルなどが入ったウエルカムボックスの設置も有効です。こういった簡単な気配りによって、内覧者のハートをがっちり摑んでください。もちろん、やりすぎると「この部屋のオーナー何だか面倒くさそう」と思われてしまいますので、お気をつけください。

入居の成約は内覧が大きく影響します。あるデータによると、内覧者の数と成約率には大きな相関関係があり、新築でおよそ30％、中古でおよそ20％だそうです。つまり、中古の場合は5人に1人の割合で成約につながるということです。オーナーとしてその成約率を上げるための努力は必要です。5人に1人の成約率だと考えれば、1人2人の内覧で決まらなかったからと言って、すぐに家賃を下げるという判断は早すぎるのかも知れません。

いずれにしても、あなたが大家業に費やせる時間を可能なかぎり精一杯使って、賃貸管理会社とコミュニケーションをとってください。逆に、入居中は賃貸管理会社にこちらから連絡する必要はありません。何かあった時には賃貸管理会社から連絡が来ます。しかし空室中は、たとえ何もなくても、こちらから連絡をするべき期間なのです。

3　STEP②　物件に付加価値を付ける

STEP①で空室が埋まらない場合、STEP②「物件に付加価値を付ける」

が必要です。この物件の付加価値とは、入居者に対してではなく、別の関係者に付加価値を付けることを言います。この方法を説明する前に、賃貸管理会社の賃貸付けの仕組みについて、理解する必要があります。

入居者を誰が見つけてくるのか。次の図を見てください。

図8

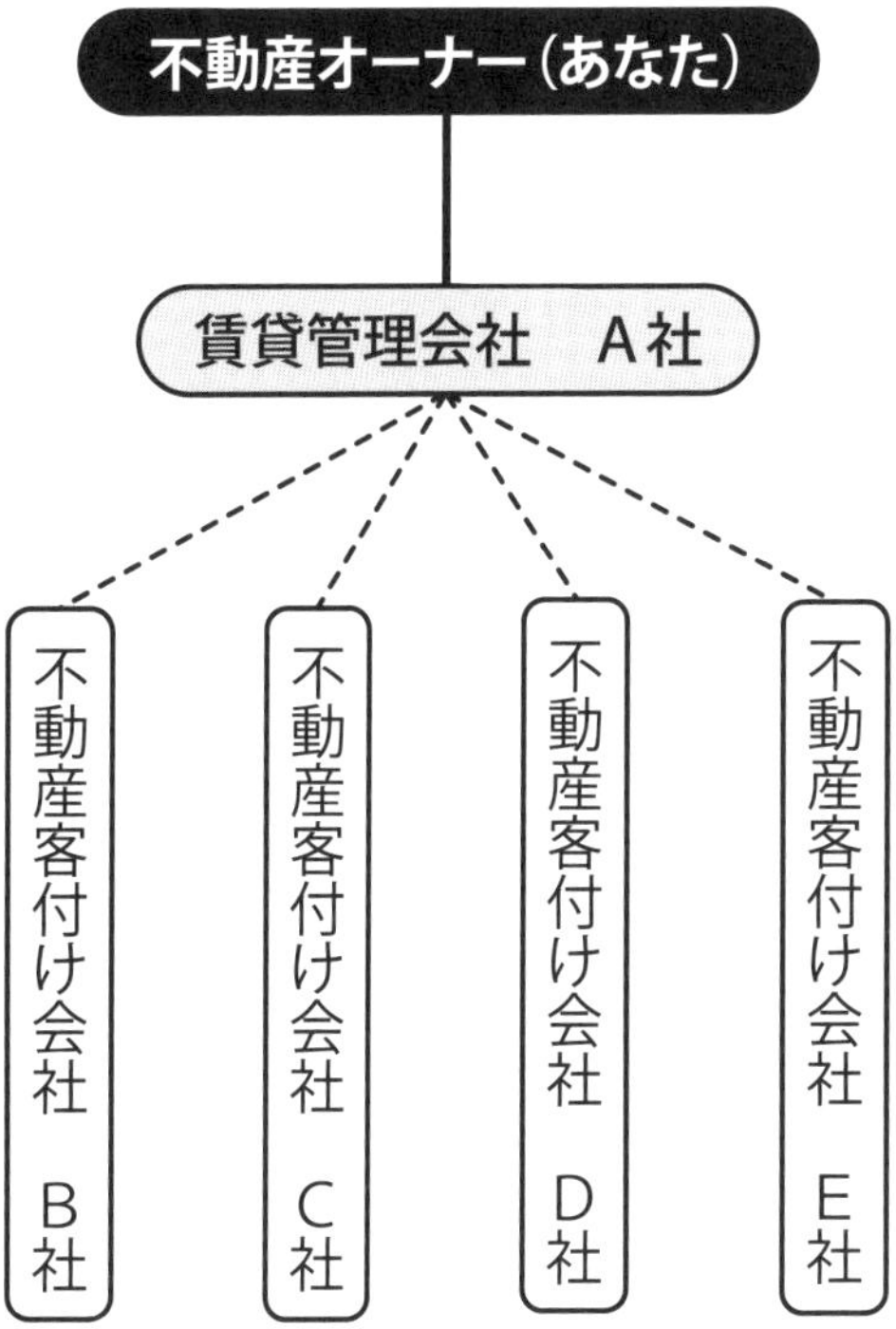

不動産オーナーであるあなたは、あなたの所有物件の管理を賃貸管理会社A社に業務委託します。しかし空室になった時に、入居者を探してくるのはA社ではありません。A社が空室情報を流し、図のように不動産客付け会社B社、不動産客付け会社C社といった会社が入居者を探してきます。入居者が決まればA社はオーナーであるあなたから仲介手数料をもらい、不動産客付け会社B社やC社は入居者から仲介手数料をもらいます。これが不動産客付けの一般的な仕組みです。

さて、ここで物件の付加価値の話に戻りましょう。ここで言う付加価値とは、広告料と呼ばれるインセンティブのことです。この方法で、あなたの物件に付加価値をつけます。あなたの物件に客付けをしてくれた不動産客付け会社B社やC社に、「客付けをしてくれてありがとう」と御礼を支払うのです。払うのはオーナーであるあなた、金額は家賃1か月分です。時には2か月分と設定する場合もあります。不動産客付け会社の立場で考えると、広告料1か月が設定されている物件と、広告料が設定されていない物件、どちらを積極的に案内するかといえば、当然、広告料が1か月設定されている物件の方です。不動産客付け会社B社やC社は、仲介手数料の家賃1か月分と、広告料1か月分の売り上げが見込めるのです。

「客付けのために、インセンティブ費用をオーナーが負担するという事ですね」

そう思う人もいるでしょう。通常、新しく賃貸借契約を結ぶ場合、礼金を受けとります。その受けとった分を広告料にまわす、と考えてください。そうすれば、さらなる出費を抑えることができます。

ただし、これは東京のケースです。地域によってはこのＳＴＥＰ②の「広告料を設定する」戦略が使えないエリアもあります。ある地方都市ではアパート・マンションの需要と供給のバランスが崩れています。簡単にいうと、アパート・マンションが余っている状態です。そのため、入居者を獲得するのに、かなり苦労します。よって広告料の設定は当然の対策で、広告料２か月分はあたりまえ。それ以上ないと決まらないとも言われています。

今後、読者の皆さんが物件を所有するにあたって、その地域の需要と供給のバランス、地域性などをよく分析する必要があります。

4 STEP③ 自分自身で動く

ＳＴＥＰ① とＳＴＥＰ②でも空室が埋まらない場合は、いよいよラストステージのＳＴＥＰ③です。最終手段は「オーナー自ら動く」です。しかし誤解をしないでもらいたいのは、あくまでも賃貸付け業務の中心は賃貸管理会社です。管理会社と協力して、あるいは管理会社ができないところを「オーナー自らが動く」のです。賃貸管理会社の業務を無視して、自分で勝手に賃貸付け業務をやってしまうと、管理会社だっていい気持ちはしないでしょう。

「オーナーさんが勝手に動くのなら、どうぞご自由にやってください」というスタンスになってしまいます。賃貸管理会社を立てつつ、オーナー自ら動くのです。

ＳＴＥＰ①でも紹介しましたが、物件内に、オーナーからのメッセージボードを設置するというのもその一つです。週末の内覧に向けて、オーナーであるあなた自らが物件に行って空気の入れ替え、簡単な掃除をするのもいいでしょう。空気が入れ替わっているだけで、内覧の印象はだいぶ違います。

また、オーナー発の募集企画を立てるのもいいかも知れません。私は、長い期間空室になってしまった昭和築の木造アパートの物件に対して「新生活応援キャンペーン」という企画を打ち出しました。３月末までに契約をしていただいた新生活者に対して2万円程度の「テレビ」「冷蔵庫」「炊飯器」「洗濯機」「商品券2万円分」のいずれか一つをプレゼントする、という企画でした。この予算はもちろんオーナーである私が負担しました。このように、管理会社とコミュニケーションをとりながらオーナー自ら動き、施策にトライしていくのです。

もうひとつ「自ら動く」で具体的な話をしましょう。どうしても入居者が決まらない場合、オーナー自らが客付け会社をまわります。空室が発生すると、賃貸管理会社が賃貸募集図面を作成します。その賃貸募集図面をＦＡＸかメールで、手に入れてください。そして、仕事が休みの日に賃貸募集図面のコピーを持って、物件周辺の地場の不動産客付け会社をまわってください。「この近くの○○マンションのオーナーのアユカワです。実は私が所有している物件の○○号室が空室になっています。ぜひ客付けをお願いします。つきましては、１か月分の広告料も設定しています。何かお話がありましたら、私ではなくここに書かれている賃貸管理会社の方にご連絡ください。電話をすれば話が通るようになっていますから」と、自らの足でまわってアピールします。この時も連絡先は賃貸管理会社にしておき、賃貸管理会社との良好な関係を維持してください。

以上が、空室解消法のＳＴＥＰ①／ＳＴＥＰ②／ＳＴＥＰ③です。

空室は努力次第で埋められます。また、空室を埋めていくことが不動産賃貸業の面白いところです。

「空室は絶対に起こる。そして空室時こそオーナーの腕の見せ所。そして必ず空室は埋めることができる」というマインドを持ってください。

第6章

購入するのは
区分マンションか一棟ものか
それが問題だ

1　答えはあなた次第

不動産投資には、区分マンション（ワンルームなどマンションの一室）に投資する方法と、マンションやアパートの一棟丸ごとに投資する方法があります。どちらがいいのでしょうか。どちらがいい投資法なのでしょうか？

本屋さんに行けば多くの不動産投資の本が並んでいます。「不動産投資は都内ワンルームを買え」という本があれば「築古アパートで不動産投資は成功する」という本もあり「不動産投資は地方の一棟ものから」という本もあります。

いったい、どれが正しいのでしょうか？

じつは、どれも正しいのです。投資家は自分の投資方法が正しい、と思いたいものですし、他の投資法を否定したくなる生き物だと言えます。その点を頭に入れて、いろんな書籍を読み、セミナーに参加するようにしてください。

私自身は、「区分マンション投資」も「一棟もの投資」も、手がけています。そのため他の投資家さんよりも、少しスクエアに不動産投資を捉えられている、

私の所有する一棟もの物件

「浅草」駅徒歩15分
平成20年築　4階建RCマンション
（一棟もの）

「中野坂上」駅徒歩6分
平成3年築　5階建RCマンション
（一棟もの）

「練馬」駅徒歩4分
平成21年築　4階建RCマンション
（一棟もの）

と思います。

では命題の「区分マンション投資」がいいのか「一棟もの投資」がいいのか、その答えを言いましょう。答えは「あなたの最終目標による」です。あなたの最終目標によって、「区分マンション」がいいのか、「一棟もの」がいいのかが決まります。たとえば「10年後に60歳の定年を迎えるので、その時点で年金の足しに月々20万円欲しい」というのがあなたの目標だとしたら、「10年かけて区分マンションを増やしていきましょう」というのが私の答えです。一方、最終目標が「5年後に今のサラリーマン収入と同額の不動産収入が欲しい」であれば、一棟もの投資にチャレンジしてください。月々百万単位のキャッシュフローを短期間で達成するには一棟もの投資をスタートさせるのが一番です。しかし、私はこのような考え方も持っています。

「一棟もの投資をめざすとしても、まず最初の投資は中古ワンルームマンションからはじめてはいかがでしょうか」です。

その理由をお話しましょう。一棟もの投資は知識とスキルが求められます。最初の一棟を購入する前に、不動産経営を学ばなくてはなりません。不動産業者、賃貸管理会社との人脈を作る必要もあります。そして失敗しない物件を見つけ出さなければなりません。おそらく一棟もの投資を決意してから購入まで、最低でも半年、いや、1年はかかってしまうかもしれません。

一方、中古ワンルームマンションは、たった3日で物件を取得してオーナーになることができ、管理は賃貸管理会社に丸投げできます。そして何より「まず区分マンションから」と私が言う大きな理由は、区分マンションのオーナーとなって、自分が不動産経営者として向いているかどうかの判断を下すことができるという点です。自身が不動産経営者に向いていると思い、不動産経営が大好きだと思えるようでしたら、そのままどんどん投資活動を続けていけばいいのです。その間に、実体験で不動産経営を学ぶこともできるので、一棟ものを購入するためのよい準備期間にもなります。

しかし反対のケースも考えられます。区分マンション投資をやってみたが、自分は不動産経営者として向いていない、と判断した場合です。「やっぱり空室が怖い」「借金して投資していることが精神的にもたない」という場合は、早めに売却して大家業から撤退すればいいのです。もし最初の投資を、融資額の大きい一棟ものからはじめてしまった場合やめるにやめられなくなってしまい、目を覆いたくなる惨状となる可能性もあります。

では、以上を前提として、「区分マンション」と「一棟もの」のメリット・デメリットをひとつひとつ見ていきたいと思います。基本的には区分マンションのメリットは一棟ものデメリットですし、一棟もののメリットは区分マンションのデメリットだと考えてください。

区分マンションメリット

少額資金でスタートできる

ロケーションの良い物件を購入できる

手間がかからない

管理組合が計画的に修繕費を積み立てている

比較的売却しやすい

高度な不動産知識を要求されない

一棟ものメリット

大きなキャッシュフローが出て専業大家へ近道

部屋数が多いため多少の空室はカバーできる

土地がある分、資産評価が高い

低い金利の融資を獲得しやすい

（1）区分マンションのメリット＝【少ない自己資金でスタートできる】

（これは一棟ものデメリット）

区分マンションを、サラリーマンという属性を利用して購入する場合、頭金10万円で融資がおりる金融機関もあります。売主物件であれば、２０００万円程度の物件を自己資金１００万円未満で購入することが可能です。一方、一棟ものとなると当然価格が高額になります。たとえば、３０００万円の物件が見つかったとしても、区分マンションより初期投資費用がかかってしまいます。まとまったお金を持たない人が一棟もの投資を考える場合、「物件を探す前に貯蓄」という選択になってしまいます。

（2）区分マンションのメリット＝【立地のいい物件を購入することができる】

（これは一棟ものデメリット）

区分マンションは、簡単に都内23区内の中心地で物件を手に入れることができます。私は、渋谷区松濤や港区赤坂の物件を手に入れることができました。もし、一棟もので松濤や赤坂で物件を購入したいと思ったら、4億から5億円いやそれ以上かかるかもしれません。とても私には手が届きません。区分マンションなら、需要の多さという点でも安心できる物件を手に入れることができます。一棟もので、高めの利回りが出る物件を探していると、都内23区や首都圏をはずれて、外へ外へと向かって行くことになってしまいます。

(3) 区分マンションのメリット⑪【簡単に物件を手に入れることができる】

(これは一棟ものデメリット)

区分マンションは、比較的簡単に手に入れることができます。前述のとおり不動産業者が売主で中古ワンルームマンションなら、たった3日間で物件を手に入れることができます。売主が個人の仲介物件でも、中古ワンルームマンションなら価格交渉に時間がかかったとしても、1か月〜3か月で物件を購入することができるでしょう。ところが一棟ものの場合は、そう簡単には行きません。この期間の差は大きいですね。

（4）区分マンションのメリット＝【大規模修繕工事など、建物管理会社がやってくれる】

（これは一棟もののデメリット）

区分マンションの場合、オーナーで構成するマンションの管理組合が存在し、通常は建物全体の管理を建物管理会社に業務委託します。築後およそ10年から15年目にやらなければならない大規模修繕工事の手配を、あなたが行う必要はありません。管理組合と建物管理会社が全部やってくれます。あなたはひとりのオーナーとして承認するだけです。一方、一棟ものの場合、大規模修繕工事のすべてについて、あなた自身が準備・計画をしなければなりません。

（5）区分マンションのメリット＝【すぐに売却できる】

（これは一棟もののデメリット）

区分マンションの場合、いざという時に比較的時間をかけずに売却することができます。私はこれまで区分マンションを数部屋売却してきました。売りに出してから引き渡しまで、最長で3か月でした。もっと慎重に売却を進めたとしても、半年もあれば売却することができたでしょう。一方、一棟ものはそうはいきません。極端に価格を下げれば別ですが、最短でも数か月、長ければ1年以上かかってしまうかもしれません。もしあなたが何かの理由で一棟ものを売り急いでいる場合、その売り急ぎにつけこんで、相手に値引き交渉をされてしまう、ということもあるでしょう。

(6) 区分マンションのメリット=【高度な不動産知識を要求されない】

(これは一棟ものデメリット)

区分マンション投資は手軽にはじめられます。しかも、高度な不動産知識は必要ありません。所有している部屋の管理は賃貸管理会社に、建物全体の管理は建物管理会社に丸投げできます。サラリーマンは普段の仕事を続けながら、副業として不動産投資を手軽にスタートできます。しかし一棟もの投資は、ある程度の不動産知識が必要です。例えば「あと何年後に大規模修繕を実施するのか」「その際の施工会社の選定はどうするのか」「大規模修繕の資金をどう捻出するか」などオーナー自らの決断が求められます。

(7) 一棟ものメリット＝【キャッシュフローが大きい、専業大家への近道】

(これは区分マンションのデメリット)

一棟もの投資の魅力は、何といっても月々のキャッシュフローの大きさです。部屋数が多く物件価格も高額で、借入金も大きくなりますが、その分月々のキャッシュフローも大きいのです。一棟ものをひとつ購入することで、すぐに月々数十万円のキャッシュフローを得ることができます。サラリーマンから専業大家さんになる人のほとんどが、一棟ものの投資を行っています。一方、区分マンションはキャッシュフローが少額です。融資を受けて投資した場合、区分マンション投資は、月々のキャッシュフローは数万円程度にしかなりません。

（8）一棟ものメリット＝【多少の空室を他の家賃でカバーできる】

（これは区分マンションのデメリット）

一棟マンション・アパートの場合は当然、部屋数が複数戸あります。仮に1室2室、空室になったとしても他の部屋の家賃でカバーして月々のローンを返済することが可能です。私の所有するあるアパートを例に出すと、部屋数は14室ありますが、最低7室入居していれば、月々のローンを返すことができます。これはかなり気分的に楽ですね。1室空いてもそんなに慌てた気持ちにはなりません。一方、区分マンションは1室しかありません。つまり「100」か「0」のどちらかです。空室が発生してしまうと、その期間は完全にローン返済が持ち出しになってしまいます。空室時は気分的に落ち着かないことでしょう。

（9）一棟ものメリット＝【資産評価が高い】

（これは区分マンションのデメリット）

区分マンションと一棟ものを比較した場合、一棟ものの方が、資産評価が高くみられます。というのも一棟ものには土地が付いているため評価が出やすいのです。区分マンションにも土地の持ち分はありますが、全部の土地が自分の持ち分ではないため、一棟ものと比較すると評価が低くなってしまいます。このことから金融機関は一般的に、区分マンションより一棟ものの方が高い評価を出します。将来的に法人を作って不動産経営を拡大させていきたい人は、一棟ものの不動産を買い足していくことがいいでしょう。

(10) 一棟ものメリット＝【大家実績が認められる】

(これは区分マンションのデメリット)

一棟ものオーナーには、高い不動産知識、経営能力が求められることから、1年2年と順調に不動産経営を続けていくと、金融機関や不動産業者からの見る目が変わってきます。実績を認めてくれるのです。金融機関に高い実績をみとめてもらえると、どういうことが起きるでしょうか。まず、あなたの属性が上がります。そして金融機関はあなたを実績ある経営者とみなして、次回の融資ではより低い金利を提示することでしょう。もちろん、区分マンションのオーナーもそれなりに実績を評価してくれますが、区分マンションは簡単に経営ができてしまいます。一棟ものオーナーと比べると、評価は上がりづらいです。もちろん、最終的にはオーナーの人物評価も大きく影響します。

以上が区分マンション投資と一棟もの投資の違いです。繰り返しになりますが、どちらがいいかはあなたの最終目標によります。最終目標から逆算してあなたが買うべき投資物件を探してください。

第7章

最初の物件
ここを押さえろ
5つのチェックポイント

この章の5つのポイント

1　不動産業者・賃貸管理会社のチェック
2　物件販売資料から数字のチェック
3　現地視察でのチェック
4　「重要事項説明書」「売買契約書」のチェック
5　投資出口のチェック

1　あなたにあった不動産業者・賃貸管理会社との出会い

さあ、いよいよ物件探しの旅がはじまります。

物件探しは不動産投資で一番楽しいところです。しかし、なかなかいい物件が見つからないとつらくなってしまい、不動産投資を挫折してしまう段階でもあります。

まずあなたに必要なことは、一生懸命、諦めずに物件を探すことです。毎日毎日不動産ポータルサイトをチェックするのもいいでしょう。いろいろな不動産投資セミナーに参加して、不動産業者から物件情報を得るのもいいでしょう。最初は、初心者にとって何がいい物件なのか、何が悪い物件なのかわからないと思います。私も最初はそうでした。しかし毎日毎日、さまざまな物件の資料を見ていくと、少しずつ物件の良し悪しが見えてきます。そして、物件を探すと同時に、あなたは物件以上に大切なものを見つけなければなりません。

それは「不動産業者」と「不動産賃貸管理会社」です。いろいろな業者の人々と出会うことになります。その中から、あなたにとって将来の素晴らしいパートナーとなる会社を見つけだしてください。どんな業者があなたに向いているか、それは人それぞれです。20代の人は自分より年上の担当者がいいかもしれません。また40代の人は自分と同世代の担当者がいいかもしれません。人によってはぐいぐい引っ張ってくれる担当者がいいかもしれないし、逆に押しの強い担当者はダメという人もいるでしょう。自分と仕事がしやすい業者、担当者を見つけだしてください。こればかりは、あなたがどんどん人と会って自身で判断するしかありません。ぜひ多くの不動産会社と接触して、いいパートナーを見つけてください。そうです、これは結婚相手を見つけるのと同じです。不動産投資は長期の投資になります。理想は、同じ業者と一生つきあうことです。ベストパートナーを見つけて、チームを組んで不動産経営を進めていくのです。

そして、いい業者・担当者と出会えたら、必ずセカンドオピニオンを聞くようにしてください。「その業者が本当にいい会社なのか」を確認するために、最近ではネットで会社の評判を調べることもできます。私のような不動産コンサルタントに意見を聞いてみるのもいいでしょう。

2 物件販売資料から数字のチェック

あなたにとって第一号となる物件候補が見つかったら、物件資料をもとに数字をチェックします。現地視察に行かないまでも、数字のチェックでその物件の良し悪しがわかります。まずはその物件の家賃相場をチェックしてください。いくら利回りが高い物件だったとしても、相場より高い家賃で入居されている可能性があります。いずれその入居者が退居してしまえば、今より低い家賃で貸すことになるかもしれません。そうなれば利回りは一気に下がってしまいます。そのためにも、購入予定物件の設定家賃が適正かどうか、調べる必要があります。第５章の空室対策のところでもお話しましたが、ヤフー不動産やスーモなどの不動産ポータルサイトを使って調べてください。物件販売資料に表示されている家賃は、はたして適正家賃でしょうか？

適正な家賃相場がわかったら、次に、４つの数字のチェックをします。４つの数字、これを覚えていますか。

１「表面利回り」　２「実質利回り」

３「税引き前キャッシュフロー」　４「ＲＯＩ」

この４つでしたね（第３章　３数字のチェックを参照）。

この４つのバランスがよく、自分の投資レベルにふさわしいものであったら、実際に物件を見に行ってみましょう。「善は急げ」です。いい物件は、人気物件です。「今度の週末に行ってみよう」と思っていても、今日、他の人に取られてしまうかもしれません。

3　現地視察でのチェック

物件を見に行く場合、一度は一人で視察に行くことをお勧めします。不動産業者と一緒に行くと、冷静に見られなくなってしまうからです。何か不安な点、マイナス要素が見つかっても、業者が言葉巧みにマイナス面を補うため、マイナス面を忘れてしまいがちです。業者と一緒に物件視察をする場合は、後日必ず一人で見にいくか、現地で別れたあとに一人で周りや駅を視察するなどするようにしてください。

現地視察で確認するポイントは3つです。

1「駅の周り」　2「物件周辺の環境」　3「物件」

順を追って説明しましょう。

(1)「駅の周り」

物件選定の際に誰もが必ずチェックするのが、「最寄りの駅」です。その駅は、急行が止まるのか、乗降客数はどのくらいなのか、住みたい街ランキングで何位なのか、需要と供給のバランスはどうなのか、多角的に分析します。また駅によっては、南口は開発されているのに北口は閑散としているなど、細かい差があります。駅の特徴を自分の目で確かめてください。大手ドラッグストア、大手ファーストフード、大手牛丼屋チェーンなどの出店状況も参考になります。大手企業は出店に際して商圏調査というものを実施しています。大手チェーン店が出店している駅は、一応合格点と言えます。また物件資料には『駅から徒歩○○分』と表示されています。これは宅地建物取引業法で80メートルにつき1分間を要するものとして算出されていますので、その数字に間違いはありません。しかしあくまでも80メートルにつき1分ですので、開かずの踏切や坂道、幹線道路を横断するなどがあれば、物件までかかる時間は表記と異なります。必ず自分の目と足で確認が必要です。何もない田んぼのあぜ道を歩く10分と、商店街を歩く10

分では体感時間が変わってきます。入居者の目線になって、駅から物件までの道を歩いて確かめてください。

(2)「物件周辺の環境」

当該物件の周りの環境は、必ず確認してください。同じブロックにどんな建物があるのか、お墓などの嫌悪される施設はないか。たとえば、学校が近くにあっていい環境だ、と思っても意外に学校のチャイムの音がうるさかったというケースもあります。

これは私の体験です。購入を検討していた物件は、図書館が隣りにある物件でした。図面を見たとき「ここは環境のいいところだな」と思っていました。しかし実際に視察に行ってみたところ、図書館の中や図書館の前のベンチに多くのホームレスらしき人たちが陣取っていたのです。図書館があるイコール環境がいいとは言いきれないと実感しました。これが原因のすべてではなかったのですが、私はこの物件の購入を見送ることにしました。

（３）「物件」

物件自体は、自分の目で見ればいい物件か悪い物件か、すぐわかります。建物管理が行き届いている物件は、ゴミ一つ落ちていません。その一方、行き届いていない物件は、空室のポストにチラシが溢れていますし、廊下には入居者が勝手に荷物や自転車などを置いています。ひどい場合には物置を設置している場合すらあります。

必ず綺麗な物件を買ってください、と強調して言っているのではありません。もちろん初心者の人は、管理が行き届いた綺麗な物件の方が安心でしょう。しかし汚い部分、マイナス部分をちゃんとチェックすることで、マイナス点を武器に価格交渉をすることもできます。将来的に一棟ものの購入を考えている人は、管理が悪く質の悪い物件を、交渉に交渉を重ねて安い金額で購入し、その後、管理会社を変えて物件をピカピカに蘇らせる事も可能です。これまで以上の家賃を設定して利回りを上げ、税引前キャッシュフローを向上させるというテクニックもあります。物件の視察の際には、マイナス部分があったとしても、それをプラスに変えられるかどうかをよくチェックしてください。

また視察の際、運よくその物件の入居者と遭遇したら、思いきって声をかけてみましょう。「じつは今度このマンションの一室（あるいはマンション一棟）を購入しようと思っているんですが、住み心地はいかがですか。何か最近トラブルはないですか」と訊くと、いろいろ教えてくれるはずです。

以前、私がある一棟ものマンションを購入しようとしたときの話です。物件の共用部分をチェックしていたところ、掲示板にこんなチラシが貼ってあるのを見つけました。

「住人の皆さんにお知らせいたします。当物件では監視カメラの設置を検討しています。その理由は、本マンションより南側の○○邸の敷地内にゴミの投棄が確認されたからです。本クレームは3度目です。これ以上近隣とのトラブルを起こさないためにも、監視カメラの設置を検討いたします……」

明らかに入居者のなかに、ゴミを外に投げる人がいる、と伝えているチラシでした。こんな面倒な入居者と対峙するのはご免だと思い、この物件の購入を見送りました。現地視察にはいろいろなヒントが隠されています。できるだけ多く見つけ出すようにしてください。

私のサラリーマン時代、どうしても物件視察は夜８時以降になってしまうことがほとんどでした。しかしそれはそれでいいこともあります。物件がワンルームマンションの場合、入居している人は私のように夜に帰宅するサラリーマンや学生が多いです。夜８時過ぎに物件視察に行くと、その時間でも空いている便利なスーパー、コンビニ、レストランがあるかどうかをチェックすることができます。とはいっても、理想の物件視察は、朝・昼・夜・雨の日の４回視察することです。時間を変えて視察することで、物件の違った表情が見えてきます。時間のある方は、何度か足を運ぶようにしてはいかがでしょうか。

４　「重要事項説明書」「売買契約書」のチェック

初めて「重要事項説明書」と「売買契約書」に対面する人にとって、正直これを読み解くのは、難しいと思います。しかし非常に大切な書類です。頑張って読み通してください。不親切な不動産業者の場合、契約の当日まで「重要事項説明書」「売買契約書」を契約者に見せない場合があります。これはいけません。必ず草案（ドラフト）を契約日の数日前までに送ってもらい、内容を確認して「自分が知らなかったこと」「知らされてなかったこと」がないかどうか、チェックしてください。区分マンションの場合、修繕リスクのところで話した『修繕積立金』がどれだけ積み上がっているか、なども改めて再チェックです。そして新しい事実や疑問があれば、堂々と質問してください。あなたが信頼して選んだ業者なら、あなたの質問に懇切丁寧に答えてくれるはずです。もし契約日までにそれらの疑問が解決できなければ、売買契約日を延ばしてもらうことも、検討してもいいと思います。

いずれにしても、売買契約書に印鑑を押した瞬間に、契約成立です。売買契約書、重要事項説明書に書かれているすべての事項について、あなたが納得した上で同意したということになります。慎重に署名捺印するようにしてください。

どうしても不安な場合、セカンドオピニオンを求めるのもいいでしょう。不動産売買経験のある知りあい、コンサルタント、不動産業者などに内容を確認してもらってください。

5　投資出口のチェック

最後に、出口戦略のイメージも持っておきましょう。出口戦略とは「いつ売るか？」「いくらで売れるか？」という点です。初心者だから「売ることまでは考えられない」という人もいるかもしれませんが、ここでひとつ「出口」のタイミングをアドバイスしましょう。金融機関から融資を受けて物件を購入した人の売却の目安です。

「ローンの残債　＜　現状の物件売却価格」

つまり、物件を売却して得た資金で残債を返済しても、プラスになるというレベルをめざすべきです。「ローンの残債」は購入後、毎年毎年確実に減っていきます。一方「現状の物件売却価格」は上昇するかもしれないし、下落するかもしれません。しかし一般的には物件の経過年数とともに、売却価格は緩やかに下がっていきます。

「ローンの残債 ＜ 現状の物件売却価格」

この状況にさえすれば、「いつ売っても損はしない」レベルということです。このレベルまで物件を持ち続けることを、一つの目安にしてください。このレベルを超えれば、気分的にだいぶ楽になるでしょう（厳密には、減価償却費と返済元金から生じるデットクロスや税金などを考慮にいれます。ここでは、わかりやすくするために省略しています）。

第8章

2020年東京オリンピック後の不動産市況について、ベテラン業界人に聞く

ここまで、投資家、不動産コンサルタントとしての私の実体験をもとに話を進めてきました。これには私の一方的な見解の部分もあります。そこでこの第8章では、不動産ベテラン業界人の方から、日本の不動産市況について具体的な話を聞きたいと思います。インタビューに応じていただいたのは、株式会社東京リバックス取締役営業本部長「浅沼義徳さん」です。浅沼さんは不動産業界25年以上のベテラン業者の方で、主に投資用中古区分ワンルームマンションの販売を手掛けています。

※東京リバックスは東京渋谷に本社を置くラルグループの傘下。現在は、東京に本社、名古屋、大阪に支店を置く。年間200以上のセミナーを全国各地で開催している。グループには、管理物件が全国で4000室以上・年間平均入居率99％以上を維持する賃貸管理会社㈱シイ・アイ・シーなどがある。また、東京リバックスはオーナーに対して定期的に勉強会や懇親会を開催するなど、手厚いアフターフォローに力を入れている数少ない不動産会社である。

1　ここ20年で、不動産投資環境はどう変わってきたか？

アユカワ「よろしくお願いいたします。浅沼さんは長期に渡り不動産界の変遷を現場で見てこられてきて、ここ20年間の不動産環境の変化をどうみていらっしゃいますか？」

浅沼「かつては不動産投資と言えば『新築』が王道でした。２０００年代に入ってその主体が『中古』に変わっていきましたね。そして販売の手法も大きく変わりました。以前は相対という一本釣りの電話営業が主流でしたが、セミナーや勉強会での物件販売、先輩投資家さんが紹介するなどの販路が拡大していきました」

アユカワ「金融機関のスタンスも変わっていったんですよね？」

浅沼「はい、最大の変化は金融機関の対応です。２０２０年1月現在、相変わらず低金利が続いていますし、ローン期間も伸びています。一部の金融機関では45年ということも可能です。この金融機関の積極的なスタンスにより不動産投資がより身近な投資になりました」

アユカワ「空前の不動産投資ブーム到来ですよね」

浅沼「2015年あたりから、区分だけではなく一棟もの投資がメジャーになりました。セミナーや関連書籍が増えて、不動産投資を知るキッカケが増えたんですよね。そして20代のサラリーマンの方で不動産投資を始める方もいらっしゃいます。アユカワさんのように不動産投資でセミリタイヤするというサラリーマンの方が沢山増えました」

アユカワ「そんな中スルガ銀行事件ですよね。知識がない素人の方に、高額の一棟もの収益不動産を悪徳不動産業

者が売りつけるということが散見されました。しかし、御社東京リバックスは、時代に流されることなく一貫して中古区分マンションのみを扱っていますよね」

浅沼「もちろんお客さまから一棟ものの相談があれば、商談させていただきますが、中にはあまり勉強もされずに何が何でも一棟ものの投資をしたいとおっしゃる方もいらっしゃいます。その方には無理に物件を紹介せずに、知識を積むことを優先していただいています」

アユカワ「スルガ銀行問題が明るみに出て、不動産投資市況は変わりましたか？」

浅沼「スルガ銀行問題以降、一棟ものに積極的に融資している各金融機関が非常に消極的になりました。よって２０２０年1月現在、一棟ものの投資のハードルが高くなっています。また一棟ものを専門にしていた業者が、中古区分に鞍替えしてきています。ですから区分の人気と価格が上昇傾向にありますね」

アユカワ「さらに上昇傾向ですか？」

浅沼「ただ、アユカワさんが区分投資を始められた２０１０年頃と違って、今はいろいろと価格帯を選べる市場となっています。『価格は上昇傾向ですが、安定的に資産形成をしたいという方は東京23区内物件を』、『今後の資産価値上昇を狙いたいという方は、大阪市内近郊の物件を』、『比較的に低価格帯でのワンルームマンション投資をしたい方は、名古屋市内の物件を』という風に選択肢が広がっています」

2　2020年東京オリンピック後、日本の不動産はどうなっていくのか?

アユカワ「みなさんの注目は、2020年東京オリンピック後の不動産市況だと思いますが、浅沼さんはどう見られていらっしゃいますか?」

浅沼「まずは不動産価格を左右する要因は、オリンピックだけではありません。その他の様々な要因が絡んできます。ですから東京オリンピックが終わることで不動産価格が下がるということは安易な発想です。スルガ銀行問題の影響で売るに売れない物件が市場に溢れ、一棟マンション、一棟アパートの価格は下落傾向になると思います。一方で、区分投資に人気が集まり業者内の区分の在庫が減少して、価格が上昇傾向になると思います。金融機関の区分の評価も上がれば、区分の価格の上昇傾向を後押しすることでしょう。ただ不動産価格というのは、その他の経済状況にもよります。リーマンショック級の大不況が起きると、それに引っ張られる形で価格が下がることも考えられます。とはいえ、不動産業界は成熟している業界ですので、バブル崩壊後のような不動産価格の大暴落は考えにくいと思います」

アユカワ「その他、注目すべき点はありますか？」

浅沼「やはり金融機関の動きですね。スルガ銀行や静岡銀行が一棟ものへの融資を一端引き締めた一方で、各金融機関は区分への融資に対しては、新しい積極的なスタンスを取り始めています。２０２０年1月現在、オリックス銀行やイオン銀行は融資期間を最長で45年の対応をするようになりました。長く融資を受けて月々のキャッシュフローを得たいという方にはオススメです。また、一部の金融機関では、がん団信をはじめています。がんと診断されると残債が清算されるという保険です」

アユカワ「時々刻々と時代は変化しているんですね」

浅沼「はい、２０１９年ニュースになった、老後資金２０００万円問題も重なり合って、比較的に手軽に投資できる中古区分ワンルームマンション投資を検討される方が増えると見ています」

アユカワ「御社東京リバックスの営業マンのみなさんも忙しくなる訳ですね」

浅沼「そうなって欲しいです（笑）」

3　今後注目するエリアは？

アユカワ「先程、区分投資は価格帯が選べるという話がありましたが、浅沼さんが今後注目するエリアを教えていただけますか？」

浅沼「何といっても東京23区内です。もっと絞り込むと『千代田区』『中央区』『港区』『渋谷区』『品川区』『新宿区』『大田区』『世田谷区』『目黒区』『中野区』『豊島区』『文京区』あたりでしょうか。とは言えその他の区が駄目だという訳ではありません。駅から近いなどの利点があれば、充分投資対象として考えて問題ないと思います」

アユカワ「やっぱり23区内は鉄板ですよね。その他には？」

浅沼「２０２５年の関西・大阪万博が開催される大阪です。大阪は、東京ほどまだ物件価格が上昇していませんので、今後の価格上昇も期待されます。しかし、私が大阪の話をするより、実際に大阪にも事務所を出されているアユカワさんの話も聞きたいですね？」

アユカワ「確かに、私も大阪を大注目しています。自分が大阪出身ということで少し期待感を込めているという側面もありますが、大阪のキーワードは「万博」「カジノ」「外国人」です。言わずもがな「万博」は関西の経済成長の起爆剤になることは間違いありません。「カジノ」もそうですよね。カジノが大阪にできると、カジノ以外の施設が作られます。「カジノがオープン」「ホテルがオープン」「ホテル内でコンサートやミュージカルのエンターテイメント施設がオープン」そしてそこで働く人、働く外国人の住む不動産の需要が見込めますよね。私は2018年の夏に大阪梅田に事務所を開設して、いち早く大阪の不動産情報を入手できるように対応しています。大阪、注目だと思います」

浅沼「なるほどですね」

アユカワ「では23区、大阪に次いで浅沼さんの注目エリアは？」

浅沼「名古屋です。2020年1月の名古屋の不動産市況は、ちょうどアユカワさんが不動産投資を始められた２０１０年の東京によく似ていると思います。まだ区分投資が成熟していません。これから徐々に物件価格が上昇していく可能性があると思います。その要因はリニアです。リニア駅が名古屋駅にオープンすると一気に東京に近づく経済都市に発展することは間違いないでしょう。２０２０年1月現在では比較的安い価格でスペックのいい物件を手に入れることができます。ただ、区分投資が成熟していませんので、金融機関の評価が厳しいという面もあります。ですからエリアをしっかり見て、良いロケーションで金融機関の評価の出る物件を狙う必要があります」

アユカワ「良いロケーションを具体的に教えてください」

浅沼「はい。名古屋駅から見て北は『名古屋城』、東は『今池』、南は『金山』、西は『中村区役所』、この中の物件であれば、金融機関の評価も出て、東京・大阪と比べて比較的安く物件を手にすることができます」

アユカワ「23区、大阪、名古屋のお話を伺いました。あとひとつ注目のエリアを教えていただけますか？」

浅沼「はい。それは福岡です。福岡でも博多駅から徒歩5分圏内の物件です」

アユカワ「またピンポイントですね」

浅沼「この博多駅周辺は、空室が発生すると数日で埋まると言われています。多少古い物件でも同様です。西日本の投資家が今、最も注目するエリアですね。ただ、中々売り物件が出てきません。出てきてもすぐに買付が入ってしまう状態ですね。理由は『博多で働く外国人』と『経済特区』と言われています。今後も注目しておきたい場所です。弊社のグループには『ボンズ・ジャパン』という九州を拠点にする不動産会社がありますので最新情報をいつでも入手する体制を組んでいます」

４　不動産業者から見た失敗しない不動産投資とは？

アユカワ「不動産業者から見た、失敗しない不動産投資を教えていただけないでしょうか？」

浅沼「それは身の丈にあった投資を進めていくことです。まずは自分の属性、自己資金、知識レベルにあった投資から一歩一歩無理しないで進めていくことです。『無理な融資を引く』『未熟な知識で一棟もの投資からスタートする』などの背伸びした投資をすると、いつか必ずほころびが生じます。地道に無理のない範囲で投資をスタートさせてください。アユカワさんですら、最初は区分投資からスタートされていますからね」

アユカワ「確かに私は、意外に怖がりな性格です。いずれは一棟もの投資をやりたかったんですが、勇気がなくてできなかったですよ（笑）。しかし、今思えば、都内区分中古マンションから始めたことで、少しずつ度胸がついてきたと思います。では最後にどんな業者から物件を買うのがいいですかね」

浅沼「初心者の方を前提にお話しいたしますね。不動産投資は長い期間の投資ですから、長い付き合いのできる不動産業者から買われるのがいいのではないでしょうか？　ちょっと弊社の宣伝をさせていただきますが、弊社の場合営業マンが相対でお客様のコンサルを行い、物件を紹介させていただいています。そして購入後は当グループの賃貸管理会社である、㈱シイ・アイ・シーで物件管理をし、空室が起こったり何かあったときには、販売した担当営業マンが精一杯対応させていただいています。売りっぱなしの業者との違いがここですね。担当者として、物件をご購入いただいた責任を日々感じながら仕事をしています。私はこの会社に入社して18年になりますが、最初のオーナー様は当然の事ですが18年間サポートさせていただいています」

アユカワ「御社は不動産投資セミナーの先駆け的な不動産会社ですよね」

浅沼「バブル期に不動産投資をされていた投資家さんはあまり不動産知識をお持ちではありませんでした。そのために失敗、撤退された方も多くいらっしゃいました。そこでオーナー様自身も勉強することが必要だと考えて２００７年から現在の不動産投資セミナーをスタートさせました。２０２０年１月現在で、のべ５００セミナー、１３０００名以上の方々にご参加いただいています。アユカワさんにもセミナーにご登壇いただき感謝しております。これからも投資家様と一緒に切磋琢磨してひとりでも多くの成功者を世に送り出したいです」

アユカワ「私にできることがありましたら、今後もご協力させていただきますね。今日はありがとうございました」

第9章

不動産投資に大切なマインド

最後の章は不動産投資、不動産経営において大切な、『マインド』のお話です。不動産投資はスキルと同様、投資に対して投資家の「気持ち（ハート）」も非常に大切です。こういった「気持ち（ハート）」を忘れないで、投資を進めていただきたいと思い、お話しさせていただきます。

1　目標を明確にせよ！

不動産投資で最も大切なことは「目標を明確にする」ということです。あなたの不動産経営における経営目標を立ててください。目標とは具体的な数字です。そしてその具体的な数字を、あなたの自宅の壁に大きく書いて張り出してください。自宅の壁に張れないのであれば、あなたの手持ちのスケジュール帳の目立つところに書いておいてください。毎日その目標が目に入るように、自分で自分を鼓舞してください。会社でブラック上司に嫌な仕事を振られたとき、ブラック部長に理不尽なことを言われたときに、その目標を思い出してください。きっとあなたの目標があなたの心の支えとなるでしょう。

そしてその目標に向かって、あなた自身の投資ストーリーを組み立て、一歩一歩確実に前に進んでください。今後日本の経済状況が変わることもあるでしょう、あなた自身の生活環境が変わることもあるでしょう。その都度、その投資ストーリーを見直し、時代にあったあなた自身にあった一歩一歩を踏みしめてください。決して立ち止まってはいけません。貪欲に目標までの道を一日1センチでもいいので前に進んでいきましょう。

以前、ご相談を受けた私の同郷の先輩にこんな方がいました。その先輩は一流企業にお勤めの50歳の部長クラスの方でした。先輩の年収は1000万円、そして不動産投資にまわせる資金が1000万円程度ある方でした。彼からの第一声の質問はこうでした。

「手元に1000万円あって、不動産投資をやりたいんだけど、区分がいいかな、一棟ものがいいかな、いい物件を教えてよ」その方は昔から良く知っている方でしたので、直球で答えを返しました。

「先輩、そんな考えだったら先輩は不動産投資に失敗しますよ。不動産投資はやめて、その1000万円で、お好きな企業の株式か投信を買った方がいいですよ」

先輩は、半分切れ気味に言い返してきました。「それはコンサルタントとして答えになってないだろう」その後、飲みながら私の考えを伝えました。

「目標がないとダメです。夢物語でもいいから具体的な目標を持ってください。不動産投資で月々50万円の不労収入を得たいとか、月々100万円を得るようになって脱サラしたいとか。具体的な目標がない人間は失敗します。不動産は経営です。投資ではありません。手元に1000万円あるんだけど、どうやって増やそうか？　この考えは投資ですよね。ある経営目標に向かって、1000万円の資本金を使う、これが経営です」

後日、先輩があらためて私のところにやってきました。「10年後に役職定年になるんだ。役職定年になると年収が半分になってしまう。今から10年後、今の年収の半分の500万円、月々42万円のキャッシュフローが欲しいんだけど、何からはじめればいい？　今手元には1000万円の資金があるんだけど」

この言葉を聞いて、私は初めて先輩に具体的なお話をさせていただきました。

「では、10年後に向けて1000万円を使って区分マンションを増やしていきましょう。区分マンションであれば、本業の仕事に影響を与えずに副業としてやっていけます。そして今後、目標が月々42万円から月々100万円に変わることになれば、そのタイミングで一棟もの投資にシフトチェンジしましょう」と。

ご理解いただけますでしょうか。不動産投資の第一歩は目標の設定なのです。

2　チームを作れ！

不動産投資、不動産経営はチーム戦です。個人戦ではありません。あなたの周りにどれだけ優秀なチームメイトを作れるかが勝負といってもいいでしょう。絶対に敵を作らない。味方をひとりでも多く作ってください。

まず最大のチームメイトは、「奥様」「ご主人」「恋人」です。あなたの身近な方に不動産投資を理解してもらい、一緒に戦うつもりで臨んでください。よく

「妻には内緒で不動産を購入した」とか「旦那に内緒で資産○億円」という方がいらっしゃいますが、私はお勧めしません。今後、あなたの大切な方に連帯保証人になってもらう可能性もあります。ぜひ一緒に不動産投資に挑んでいくという気持ちでいてください。

私のセミナーやコンサルには、ご夫婦や恋人同士で参加される人がいます。大変微笑ましいし、二人で真剣に将来について考えている姿を見ると、この方々は絶対に夢を叶えられるだろう、といつも確信します。一人で考えるのではなく、常に二人で考えているのですから、頭脳が二つ、一人では気づけないことにも気づけるでしょう。それだけでも大きなリスクヘッジです。

また、不動産業者はあなたの最大のパートナーであり、分身です。物件を探したり、売主との価格交渉をあなたの代わりにやってくれる最強の代理人です。あなたにとって最強の担当者を、一人でも多く見つけてください。たまには一緒に飲みに行くことも大切です。盆暮れにはちょっとした贈り物をするのもいいでしょう。あなたにキャッシュフローをもたらすのは、彼らのおかげです。利益を独占しようという考えを持たず、ｗｉｎ-ｗｉｎの関係をめざしてください。

もうひとつ大事なチームメイトに不動産投資仲間、大家仲間がいます。この仲間も大切です。一人で悩んでいるときに、大家仲間に相談してみると解決策を一緒に見い出してくれることもあります。私は融資をしてくれる金融機関が見つからない時、先輩大家さんに一日かけて金融機関を一緒にまわってもらったことがあります。安いリフォーム会社も紹介してもらいました。二人で飲んでいるときに聞いたことがあります。

「どうしてこんなに親切に面倒を見ていただけるんですか。お礼をしたいのですが」

「アユカワさん、不動産投資家はみんな先輩方にこうしてもらったんです。お礼はいりません。その分アユカワさんの後に続く後輩の投資家にも同じようにしてあげてください」

彼はこう答えました。感激しました。

「じゃあせめてここの飲み代だけは私が払います」「ダメです」そういって一円単位まで割り勘にされてしまいました。

3　慌てるな、そして決断せよ！

世界の喜劇王チャールズ・チャップリンが残した名言の中で私の大好きな言葉があります。それは、

Life is a tragedy when seen in close-up, but a comedy in long-shot.

日本語訳では「人生はクローズアップで見れば悲劇だが、ロングショットで見れば喜劇だ」これは私が不動産投資をはじめてから、特に心に刺さるようになった言葉で、今では私の座右の銘です。不動産投資、不動産経営は長い戦いです。ローンも20年30年と続きます。あなたの残りの人生すべてを使って行う投資になるかもしれません。もしかすると、その投資はあなたのご子息へ引き継がれるかもしれません。それほど長期のレースとなります。この長い期間、予想もしないことが起きるでしょう。金利だって極端に上昇するかもしれません、数か月にわたって空室が起きてしまうかもしれません、考えたくないですが、あなたの物件が事故物件になってしまうかもしれません。一瞬一瞬をとらえるのではなく、長い目で見てください。ちょっとのトラブルで慌ててはいけません。せっかちにな

らず、「不動産投資はロングスパン、その間にはいろんなことが起きるものだ」と余裕の気持ちを持って物事に対応してください。不動産投資で起きる事象ひとつひとつを、クローズアップで見れば悲劇ですが、ロングショットで見れば喜劇です。

しかし慌ててはいけない反面、大きな決断を迫られる瞬間も必ずやってきます。その時には自信を持って決断をしてください。私はこれまで3度、大きな決断を迫られました。最初の決断はもちろん初めての物件を購入した時です。あの決断があったからこそ、私の投資人生のスタートを切ることができました。二度目の決断は、突然迫られました。

平日、会社で仕事をしていた時でした。プライベートのメールアドレスに知り合いの不動産会社から一通のメールが届きました。

「アユカワ様、お仕事中、申し訳ありません。お時間のある時に添付の資料を見てください。この物件の売主は業者間取引を希望しているんですが、もしかしたら取れるかもしれません。スピード勝負です」

仕事の合間にざっと物件資料に目を通しました。まだ整った販売図面にもなっていない、手書き状態のＰＤＦ資料でした。しかし、物件の良さが伝わってきました。

「ロケーションも問題なし。23区内でこんなに利回りがでるなんて……気になるのは22年という築年数。物件を見てみたい」

その日に限って仕事がなかなか終わらず残業でした。ようやく仕事が片づいたのは午後10時。鞄を持って会社の玄関を出たところで、私は一瞬考えました。

「自宅の千葉は右。物件は左。……後で後悔したくない、見に行こう」

自宅とは反対方向の電車に乗り、物件視察に向かいました。午後11時近くだったでしょうか、目的の物件に到着しました。駅から5分。幹線道路沿いから路地一本入った静かな住宅街です。物件自体も築20年以上を感じさせない優良物件。表面利回り、実質利回り、税引き前キャッシュフロー、ＲＯＩ問題なし。自宅に戻って不動産会社にメールを入れました。「気に入りました、ＧＯです。明日朝イチで物件を押さえてください」こうして、売主が業者間取引を希望していた物件を、速攻の決断で無事に手に入れることができました。この物件は現在でも私が所有している最優良物件となっています。チャンスは突然やってきます。そのチャンスに気づき決断を下す、投資家として大切なことです。

４　学べ！

４つ目は「学ぶ」ということです。不動産経営にあたっては、この学ぶ事が非常に大切です。区分マンションであれば、まったく知識がなくてもうまく行くでしょう。しかし今後時間が経って、経営規模が大きくなるにつれて知識が要求されます。少しずつで構わないので、不動産知識を増やしていってください。不動産経営の最大のリスクヘッジは「知識」です。「知識」があれば、トラブルを解消していくことができます。

宅地建物取引士の資格を取れ、とは言いませんが、ある程度の宅建の知識を持っていたほうがいいでしょう。知識を持つことで不動産業者と対等に会話ができます。また、ファイナンスの知識も必要です。せめてファイナンシャルプランナー３級程度の知識は欲しいです。そしていずれ法人化した場合、経理の知識も必要になってきます。財務諸表は読めなくてはなりません。

何もすぐにこれらのことを学ぶ必要はありません。ゆっくりと、ご自身のペースでいいのです。何よりも、勉強しようという気持ちを持ち続けることが大切です。不動産投資のいいところは、「習うより慣れろ」ということが可能な点です。いち早く物件を手にして、あなたは実体験の中で知識をつけていくことができるのです。

ご理解いただけましたでしょうか?

あなたもぜひ、6億円サラリーマンをめざしてください。

おわりに

「（新版）6億円サラリーマンになる方法（入門編）～不動産投資を始める～」を最後までお読みいただき、ありがとうございました。いかがでしたか？


「私にもできそうかもしれない」

「区分投資ではなく、もっと大きく一棟もの投資をやりたいです」

「やっぱり不動産は怖いや」

「不動産より別の投資がいいです」

あなたの率直なご感想はどれですか？


6億円サラリーマンになる方法は一つではありません。もちろん「株」「FX」「仮想通貨」「副業ビジネス」でも可能かも知れません。大事なことは、自分にとって相応しく、楽しく思えることを見つけることです。

現在私は、不動産・マネープロデューサーとして、様々な「投資」「副業」について取材し、自分でもチャレンジし、沢山の先輩後輩の方々と情報交換をしています。私と同じように不動産投資で「6億円サラリーマン」になられた方、別の投資で金融資産を拡大させ、老後の2000万円問題をすでに解決された方も多くいらっしゃいます。ぜひ、この本をきっかけにあなたと繋がり、情報交換をしていきましょう。私は日々、全国でマネーセミナーに登壇していますし、無料のメールマガジンも発行しています。ご興味ある方は、同じ時代を生きる同志として、ともに笑い、ともに未来に向かって進んでいきましょう。

セミナー情報も無料のメールマガジンもこちらから
アユカワタカヲ公式サイト「人生自由化計画.com」

さて、この「(新版) 6億円サラリーマンになる方法 (入門編) ～不動産投資を始める～」は、6億円サラリーマンになるための序章の序章です。不動産投資の第一歩にすぎません。「もっと不動産投資を勉強したい」「他の投資の勉強もしてみたい」「お金の貯め方を知りたい」と言う方には、まだまだ先に続きます。

是非、私のその他の著書にお付き合いいただければ幸いです。

▼アユカワタカヲ第1作
6億円サラリーマンになる方法「入門編」(平成出版)

▼アユカワタカヲ第2作
不動産投資でハッピーリタイアした元サラリーマンたちのリアルな話(青月社)

▼アユカワタカヲ第3作
6億円サラリーマンが教える　引き出しても減らない通帳の作り方(ギャラクシーブックス)

▼アユカワタカヲ第4作
お金磨き☆自分磨き　〝マネー難民女子〟にならないための80のレッスン
（ギャラクシーブックス）

▼アユカワタカヲ第5作
1000年使える不動産投資最強成功術（ごきげんビジネス出版）

▼アユカワタカヲ第6作
満室バンザイ！　不動産オーナーの3つの秘策（平成出版）

私の著書があなたの「人生自由化計画」のお役に立つことができれば、それ以上の幸せはありません。あなたとの出会いに感謝いたします。また拙著の執筆にあたり、快くインタビューに応じていただいた（株）東京リバックス浅沼義徳さん、ならびに執筆のサポートをしていただいた早川尚巨さんに御礼申し上げます。おしまいに、初版のラストにも書かせていただいた同じ文章でこの本を締めくく